知的生きかた文庫

コトバのギフト
輝く女性の100名言

上野陽子

JN109341

三笠書房

「一生のパートナーとなる言葉」に出会える本!

　口にするだけで元気がでる、背中を押してもらえる、ワクワクできる……そんなひとことに出会えたら、人生を支えてくれるパートナーができたようなものです。

　ときにはその言葉に寄りかかり、ときにハッと目覚めさせてもらい、そしてそのひとことが、運命を変えるきっかけになるかもしれません。

　この本では、素敵に生きる女性たちの100の名言を選んでみました。

　世界で活躍するような女性たちは順風満帆で、すべてがうまくいっているように見えるものです。でもじつは、辛酸をなめた時代があったり、自分をふるいたたせたり、幸せでいるための心掛けをする姿があるものです。

　それは、私たちとまったく同じ。

　夢を描いては失敗したり、人間関係で落ち込んだり、将来に不安を覚えたり、仕事で悔しがったりしながら、彼女たちもいろんな経験を積み重ねました。

　そんな経験の中から自ら言葉をつぶやいたり、また彼

女たち自身もだれかから幸せや成功をもたらす言葉をもらったりもしているんです。

　本書は今を生きる女性たちの気持ちにあわせて、1章「幸せのカギ」からはじまり、「仕事の刺激に」「背中を押してほしいとき」「疲れちゃったときに」「恋愛と結婚のスパイス」「人生を楽しむために」……など9つの章にわかれています。

　今をときめくモデル、アーティストの成功の秘訣から、日本を代表する女優さんたちの粋な言葉、オードリー・ヘップバーンやグレース・ケリーに愛された衣装デザイナーの人生観に、世界的なアーティストの仕事に取り組む姿勢、第一線で働く女性の対人論、転んでもまた起き上がるスポーツ選手の心持ちに、100歳近い女性の素敵な恋愛観まで……きっと元気をもらえ、励みになる言葉が見つかることと思います。

　今の自分に必要な章から開いて、〝心のサプリ〟となるような言葉を探してみてください。

　一日の気分を高揚させたり、疲れて落ち込んだ気分を癒やしたり、自分を鼓舞したりする言葉に、きっと出会えることと思います。

　私の好きな言葉のひとつに、

Live a little!（人生楽しまなくちゃ！）

があります。英語のニュアンスは「たまにはいいさ」なんてふう。翻訳も仕事にしている私がいうのもおかしいですが、むしろ直訳の「ちょっとだけ生きる」が好きで、疲れたときにはこんな言葉で自分を甘やかしてみることもあります。

逆に、アートディレクターの石岡瑛子さんが仕事で差別を受けたときの「そんなことに負けている時間はない」は、悔しい思いをしたとき、めげている自分に言い聞かせて、先に進む力としています。

そして……まだまだたくさんある、みなさんに知っていただきたいひとことを、この本に詰めてみました。素敵に、かわいく、カッコよく生きる女性たちの言葉です。

どうぞみなさんも、自分なりの解釈で、彼女たちからの言葉を受け取ってみてください。

この本を手に取ってくださったことに感謝するとともに、大切な読者のみなさまが、自分にピタリとくる〝一生のパートナーとなるような言葉〟に出会うための、お役に立てたらうれしいです。

上野陽子

CONTENTS

Chapter3　成功と失敗に学ぶ

Chapter4　背中を押してほしいとき

Chapter5　友情・人間関係をなめらかに

Chapter6 疲れちゃったときに

Chapter 7　きれいとオシャレのコツ

Chapter 8　恋愛と結婚のスパイス

Chapter9　人生を楽しむために

英文校正　Carol Jean Sasaki

Chapter
1

幸せのカギ

Keys to happiness

No.1

「虹が欲しけりや、 雨はがまんしなきや」

If you want the rainbow,
you gotta put up with the rain.

ドリー・パートン *Dolly Parton*

シンガーソングライター、女優
（1946年-）
グラミー賞には42回ノミネートされ、
7回受賞、アカデミー賞主題歌賞には
2回ノミネート。『オールウェイズ・ラ
ヴ・ユー』がホイットニー・ヒュース
トンにカバーされ大ヒットした。

冷たい雨こそ、
きれいな虹の下ごしらえ。
雨は必ず上がるものだから、
虹を楽しむ準備を忘れずに。

　雨が上がった空にじわっと太陽の光が広がり、空気中の水滴に反射すると……水がプリズムの役割をして光が分散され、七色の光の帯が見られます。雨のあと、青空にかかる虹は、すがすがしさこのうえありません。

　でもきれいな虹を見るためには、光を反射する水滴が欠かせないので、濡れる覚悟も必要です。

　ドリー・パートンは12人兄弟で極貧の子ども時代を送りました。伯父に楽曲を提供しビルボードでトップ10入りをするものの、自分のデビュー曲は100位にも入らないといった辛酸をなめた経験ももちます。

　雨は、虹がかかる前の大切な下ごしらえの時間です。冷たい雨降りのあと、ドリーにはグラミー賞42回、アカデミー賞2回ノミネートという輝かしい虹が現れました。そして、ホイットニー・ヒューストンがドリーの曲『オールウェイズ・ラヴ・ユー』をカバーして、全世界で大ヒットするまでに。

　雨が降ってこそ、虹がでるんです。

No.2

「一度しかない人生だけど
もし思うように生きたら
一度で十分でしょ」

You only live once; but if you do it right,
once is enough.

メイ・ウエスト Mae West

女優、作家（1893年－1980年）
アメリカ映画協会の映画スターベスト
100で15位。チャップリンに「女から
男を奪う女性」と言わしめる色気をも
つ。ビートルズの名盤『サージェント・
ペパーズ・ロンリー・ハーツ・クラブ・
バンド』のジャケットにも登場。

自分の心根に従って、
悔いを残さない生き方をしよう!

　ふたつの悪魔の誘惑に挟まれてしまったら、どうしますか?　自分にメリットがあるほうをとる?　より誘惑が強いほうをとる?　それとも、より危険が少ないほうにする?──メイはこう語ります。

「ふたつの悪魔の間に挟まれたら、試してみたことのないほうをとる」

　ぱっとしない女優だった彼女は、自らが脚本を書いた作品でブロードウェイに殴りこみをかけます。まだセックスが自由に語られることがなかった時代に、あえてそのタブーに挑んだ劇のタイトルは『セックス』。

　ところが、評判が評判を呼び上演回数は300回を超え、警官が踏みこんで閉鎖した最終日まで大入り満員。でもその私生活は、酒もタバコもやらずにいたって真面目。自分が言うほど乱れた異性関係もなかったそうです。奔放に見えた芸能活動と、じつは地道な私生活。

　人がどう思おうと関係なく、自分が思うように生きられたら、人生は一度きりで十分なんです。

No.3

「人生に必要なのは、
　何回呼吸するかではなく、
　何度息をのむほどの瞬間に
　会えるかよ」

Life is not about how many breaths you take,
but about how many moments in life
that take your breath away.

ビヨンセ *Beyoncé*

歌手（1981年-）
2004年グラミー賞5部門受賞。CD
売り上げ世界2500万枚以上、グルー
プ時代からでは5000万枚超。レディ
ー・ガガの楽曲『テレフォン』に参加
しPVにも出演。サマンサ・タバサや
トミー・ヒルフィガーのプロデュースも
手掛ける。

ハッと息をのむような
スゴイ出来事に会うために、
今日は自分から行動をおこそう!

　生きていることを実感するのはどんな瞬間でしょう?

　ハッとし、目覚めさせてくれ、驚きや感動として残るような出来事や出会いがあったとき……。

　ビヨンセには、そんな気持ちにさせてくれる存在がいました。

「人生に必要なのは、何回呼吸するかではなく、

　何度息をのむほどの瞬間に会えるかよ」

　これは、「彼がいなかったら、私はアーティストにはなっていなかった」というビヨンセから、マイケル・ジャクソンへの追悼の言葉。ちょうど彼の曲で育った世代のビヨンセが、その偉業に感謝を込めてのものでした。

　ただ生きているだけの毎日に、ハッとする瞬間を吹きこんでもらえたときの感動への、感謝を込めた言葉は、ビヨンセの人生論そのものでもあります。

　自分の中に眠っていたものを覚醒させてくれる"何か"に出会えたら、人生の意味も大きくふくらみます。アンテナをピンと張って、そんな一瞬を大切に。

No.4

「大切なのは、
他人からの評価ではなく
自分で納得すること」

The important thing is not others'
evaluation, but your own satisfaction.

狐野扶実子 *Fumiko Kono*

料理プロデューサー（1969年-）
フランス「ル・コルドン・ブルー」の
料理・製菓各部門を首席で卒業。レス
トラン「アルページュ」で3年で副料
理長に就任。老舗高級食料品店「フォ
ション」のエグゼクティブシェフを経
験。グルマン世界料理本大賞世界最優
秀賞受賞、ブラジエ賞グランプリ受賞。

今やっていることを
「これでいい」と思えるまで
突きつめて。

　愛用の包丁一揃えを小脇に抱えて世界中を旅し、フランスのシラク元大統領夫人のディナー会などで活躍し、世界中のセレブに愛される料理人・狐野扶実子さん。

　実績のない時代に自分の味覚と腕だけを頼りに、履歴書も推薦状ももたずにパリのレストラン「アルページュ」に乗りこみ、無報酬の皿洗いから３年で副料理長に登りつめると……惜しげもなく店を去り、今度は老舗「フォション」で女性・東洋人初のエグゼクティブシェフに抜擢されました。

　狭き門を一見簡単にくぐり抜け、軽やかでいて緻密。しかしその実、採算を度外視した食材へのこだわりをみせ、たとえばパイナップル・ローストは、滴る汁を塗っては焼くことを繰り返して完成させるという端正さと根気がみられ、それを芸術的なセンスが包みあげます。

　彼女の心の深いところでつねに響いているという言葉がこれ。自分が納得いくまでつくりあげることが、やり遂げた幸福感に満たされるための秘訣でもあるのです。

No.5

「ただ微笑むだけで、どれほど幸せになれることか」

We shall never know all the good
that a simple smile can do.

マザー・テレサ *Mother Teresa*

カトリック教会修道女
（1910年－1997年）
コルカタではじまった貧しい人々の救
済活動は、全世界に広められていった。
1979年のノーベル平和賞、1983年に
エリザベス2世から優秀修道会賞など
多くの賞を受けた。

今日は、ほんの少し
口角をあげてみよう。

マザー・テレサは、世界中の貧しい人々や難民を助け、笑顔でパンを与え、命短い人たちの最期を看取るホスピスでケアを続けました。「微笑んで行うからこそ意味がある」の言葉と共に、人の心も体も癒やし、救い続けたのです。

微笑みが人を癒やすというのは、心理学的にも根拠があるとされています。微笑みはポジティブな気持ちの表れのため、それを見た人を安らかな気持ちにさせます。

さらに、微笑んだ人にとっても、頬の筋肉を動かすことで、体の中に酸素を取りこみストレスを軽くしたり、血圧を下げたりと、病気の予防や治療の効果があるそう。

たとえば、ハシを口をすぼめるように縦にくわえるよりも、横にくわえて笑顔に似た表情をつくるほうが、いろいろなことを楽しく感じられる実験結果もみられるほど。ほんの少し口角をあげて、微笑むように筋肉を動かすだけで、自分自身もそれを見る人も幸せになれるというわけです。

マザー・テレサの微笑みには、私たちも実行できる、確かな効果があるんですね。

No.6

「幸運って、
 努力がチャンスに
 めぐりあうことよ」

Luck is a matter of
preparation meeting opportunity.

オプラ・ウィンフリー *Oprah Winfrey*

タレント（1954年−）
『オプラ・ウィンフリー・ショー』は米
トーク番組史上最高の番組と評価され
多数の賞を受賞。フォーブス誌の「米
エンターテインメント業界で最も稼い
だ人物」で1位を獲得している。

〝その時〟にそなえて
畑を耕しておこう!

　ある人は、いつでも種がまけるように畑を耕して準備をしていました。

　ある人は、いざ種をまくときに準備をしようと、荒れ地をほったらかし。

　ある朝、空から〝種〟が降ってきました。じつは神様はいつもどこかに〝チャンスの種〟を降らせていたんです。だから、準備していた畑からは作物の芽がでたのに、荒れ地の人は種が降ってきたことも知らずに過ごしてしまったとさ——。これは『Good Luck』(ポプラ社)にあったお話の一部です。

　オプラ・ウィンフリーは、アメリカで大人気のテレビ番組司会者です。子ども時代に虐待を受けたり、奨学金で大学に行くなど恵まれない環境で育ちました。でも地方局でコツコツと培ったアドリブ力が評価を受け、ついには全米に『オプラ・ウィンフリー・ショー』が流れるまでに。成功を収めて裕福になった今も、一市民、一主婦の目線を忘れぬ努力で人気を維持し続けています。

　どんな境遇にあっても、畑さえ耕しておけば幸運の芽がでてくるんですね。

No.7

「空気は読むものじゃなくて 吸って吐くもの」

You don't have to read between the lines.
You just relax and breath in and out.

黒木 華 *Haru Kuroki*

女優（1990年−）
映画『舟を編む』『浅田家！』テレビド
ラマ『花子とアン』『西郷どん』『凪の
お暇』ほか。第39回、第44回日本アカ
デミー賞 最優秀助演女優賞、第64回
ベルリン国際映画祭で銀熊賞（最優秀
女優賞）受賞。

ときには集団から抜け出して、吸って、吐いて、深呼吸。心に酸素を届けよう。

テレビドラマ『凪のお暇』で、黒木華さんが演じたのが主人公の凪。

彼女は、空気を読んでは周囲に同調することで平穏な毎日を過ごすOL。でも他人の目を気にしすぎて、知らないうちにストレスを溜めこんいきます。ある日、同僚で恋人の慎二が周りに合わせて自分の悪口を言うのを聞くと、過呼吸で倒れてしまいます。

それをきっかけに凪は空気を読むことをやめ、毎朝アイロンでストレートにしていた髪も、割り切って天然パーマのふわふわ頭に戻します。

会社を辞め、SNSも人間関係も整理して、ボロアパートで人生をリセット。そして、凪を追ってきた慎二に言ったのが……。

「もう空気読みたくない、だって多分空気って読むものじゃなくて、吸って吐くものだと思うから」

という決別宣言でした。

小さな苦しみをためこんで心が破裂する前に、深呼吸。凪のように、幸せな酸素を心に取り入れて。

No.8

「愛する人や、
　自分を必要としてくれる人のために
　時間をつくることは大切よ」

It's important to make time for the people in your life
who you love and who love you back.

キーラ・ナイトレイ *Keira Knightley*

女優（1985年−）
『スター・ウォーズ　エピソードⅠ』でアミダラ女王の影武者役で注目を集め『ラブ・アクチュアリー』『パイレーツ・オブ・カリビアン』でトップスターの仲間入り。『プライドと偏見』でアカデミー賞主演女優賞にノミネートされた。

時間はつくるもの。
大切な人との時間なら、なおさらですね。

　忙しくて、大切な人との時間をおろそかにしてしまうことってあるものです。

　キーラは父が俳優、母は劇作家の家庭で育ち、「学校がないときだけ」の約束で6歳から仕事をしてきました。10代で将来を嘱望されるスターとなり、『プライドと偏見』では20歳と311日という史上3番目の若さでアカデミー賞主演女優賞にノミネート。『パイレーツ・オブ・カリビアン』シリーズのヒロイン役で人気を不動のものにし、女優として成功の道を歩むようになります。

　そんな忙しい日々を振り返って考えたのは、〝何が自分にとって大切か〟でした。

「私生活がほとんどなくて仕事ばっかり。でも私は愛する人と一緒にいたい」

　こうして、大切な人たちとの時間を大切にし、休養もしっかりとることで、ゆとりをもって人と関わり、いろいろな経験を積めるようになり、演技にも磨きがかかっていったのです。

　愛する人、愛してくれる人との時間は、人生を豊かにしてくれるんですね。

Chapter

2

仕事の刺激に

Get inspiration for
your business

No.9

「私は大丈夫。
そう思い込むと、
できることが多くなる」

I'll be fine.
The deeper you believe this, the more you can do.

冨永 愛 *Ai Tominaga*

ファッションモデル（1982年-）
17歳でNYコレクションにてデ
ビューし、一躍話題に。以後、世界の
第一線でトップモデルとして活躍。モ
デルの他、テレビ、ラジオ、イベント
のパーソナリティ、女優など様々な分
野にも精力的に挑戦。

自分はこれで大丈夫と思いこむこと。
人と自分を比べることなく
心が強く広くなる秘訣。

　幼少期から背が高く、コンプレックスに感じた時期も
あるそうです。そんな中で「背の高さを生かせる仕事を
したい」と、15歳の時に雑誌『プチセブン』のモデル
に応募。見事、抜擢されました。

　今度は高校の制服を着た写真が雑誌『ヴォーグ』に掲
載され、その写真を見た海外のファッション関係者に誘
われて、世界で活動を開始。2001年にニューヨークコ
レクションでランウェイモデルとしてデビューを果たし
ました。

　欧米人の中で自分と周りを比べ続ける中で、コンプ
レックスをむしろ武器に変えて、負けないための努力を
続けて乗り越えていく、そんな日々だったといいます。

　顔ですら、内面からにじみ出るもので変えられる。そ
う信じて自分に言い聞かせてきたのが……

「私は大丈夫。自分はできる」

　自信がなくなって、自分を見失いそうなときのお守り
の言葉です。

No.10

「チャンスは
『大変な仕事の仮面』を
かぶっているもの。
だからみんな、
『チャンスだ』って
気づかないのよ」

Opportunities are usually disguised as hard work,
so most people don't recognize them.

アン・ランダース *Ann Landers*

ジャーナリスト（1918年-2002年）
米国の新聞のコラムなどで人生相談を
受け、人生論に満ちた格言や実例など
的を射たアドバイスで現代女性の悩み
に答えてきた。

ただのリンゴから
チャンスを見つけ出すのは、
自分自身の見抜く力。

　セレンディピティ（serendipity）という言葉があります。何かを探しているときに、探しているものとは別の価値あるものを見つける能力・才能のこと。「千載一遇の幸運な出会い」のように言われますが、あくまでも何かを発見した「幸運」ではなく、何かを発見する「能力」を指す言葉です。たとえば、リンゴが落ちる場面を見て万有引力を発見したアイザック・ニュートン、間違ってアオカビを混入させて抗生物質ペニシリンを発見したアレクサンダー・フレミングがもっていたような能力。それから……まわりでチャンスをものにした人たちが、もちあわせたであろう力です。

　普通なら見過ごしてしまうことにもピンとアンテナを張って、特別なものを見つけだせたのは、積み重ねた知識や感性が彼らの中にあったから。

　ただの幸運は luck。それを自分自身で見つけだす能力が serendipity。

「大変な仕事の仮面」をかぶった仕事から、チャンスを見抜く能力を養いたいものです。

No.11

「そんなことに 負けている時間はない」

I don't have time to give in to such a trivial matter.

石岡瑛子 *Eiko Ishioka*

アートディレクター、デザイナー
（1938年 - 2012年）
日本の広告分野で活躍後、渡米。アカ
デミー賞衣装デザイン賞、アルバム
ジャケットのデザインでグラミー賞、
ニューヨーク映画批評家協会賞、カン
ヌ国際映画祭芸術貢献賞ほか受賞。紫
綬褒章受章。

めげることなんかに
時間をさかずに、少しでも前進を。
気持ちを切り替えて。

　石岡瑛子さんは、ニューヨークで三島由紀夫を題材に
した日米合作映画『Mishima』の美術監督に大抜擢さ
れました。

　ところが、映像での経験がないままに大役を任された
彼女への、日本人男性スタッフからのやっかみはひどい
もの。まわりの米国人男性たちですらも、日本人の女性
差別を目の当たりにして驚くほどだったそうです。

　でも、大役をこなすためには、そんなことでめげては
いられません。わかってくれる人にグチをこぼしながら
も「成功させることが先決」と歯をくいしばります。

　そして、ついに無事に大役を果たすと……作品が高評
価をえて、彼女の名前は世界的に知られるようになるの
です。

　めげている間は何も生まず何も変わりません。

　それよりも自分らしく一歩でも前進したいもの。

　前に進むことで、気づいたら頭を打ちつけた壁も天井
もなくなって、気持ちのいい大空が広がっているかもし
れません。

№.12

「気にくわないことは
　変えればいい。
　変えられないときは、
　向きあう姿勢を変えるのよ」

If you don't like something, change it.
If you can't change it, change your attitude.

マヤ・アンジェロウ *Maya Angelou*

詩人、女優（1928年‒2014年）
『歌え、翔べない鳥たちよ』がベストセ
ラーになり、映画『Georgia, Georgia』
の台本でピューリツァ賞にノミネート。
クリントン大統領就任式で詩を朗読し、
マイケル・ジャクソンの追悼式では送
る言葉を執筆した。

自ら動くことで
世界は広がります。
止まっていたら何も変わりません!

　黒人であるために、ひどい人種差別を受けて育ったマヤは、大人になっても定職に就くことができず、ウェイトレスなどの職を転々として、境遇は変わりませんでした。

　それでも女優と創作への夢を忘れずに歌や踊りを続け、オフ・ブロードウェイの舞台に立つようになり……と、ここまではよく聞くアメリカンドリーム風です。

　が、ここから快進撃が始まりました。

　今度はエジプトへわたって編集者になり、ガーナで教鞭をとり、各国の言語を学び、黒人解放運動指導者のマルコム X と出会い、キング牧師に声をかけられ……と、自らが動くことで世界を広げていきます。

　ついには、黒人で女性という、もっとも差別を受ける立場のマヤが、クリントン大統領就任式典で自作の詩を朗読するまでの地位を確立。マイケル・ジャクソンの追悼式でも彼女の送辞が読みあげられました。

　黒人が差別を受ける世界に文句を言うのではなく、その状況に立ち向かい、自らが世界を変えていく姿勢が、自分の未来を拓いたわけですね。

№.13

「比べるべきは他人ではなく、
昨日の自分」

Don't compare yourself to someone else,
but rather to who you were yesterday.

綾瀬はるか *Haruka Ayase*

女優（1985年−）
2000年、第25回ホリプロタレントス
カウトキャラバンで芸能界デビュー。
NHK大河ドラマ『八重の桜』で主演、
NHK紅白歌合戦の司会を3度務めた。
『元彼の遺言状』ほかドラマ主演多数。

どうしても人が気になるとき
まずは自分の心を整理。
自分を成長させることに目を向けて。

そこにいるだけでまわりまで明るくなり、飾らず、透明感のあるオーラを放つ女優・綾瀬はるかさん。

ドラマの撮影など仕事のときには、スタッフの懸命さに心打たれながら、自分も目の前のことに真剣に取り組む姿勢を忘れずにいると、プロらしさをのぞかせます。

雑誌『美的』のインタビューでは「自分を誰かと比べて落ち込んだり、ダメな自分を反省し続けることはよくありました」と話していました。

仕事には真摯な姿勢で臨みながら、時には情報をデトックス。気にしすぎて固まったり、まわりに流されないようにする姿勢も大切にしていると言います。

「比べるべきは他人ではなく、昨日の自分」

人の意見や誰かの行動に左右されるのではなく、自分自身の価値観を大切にして、昨日の自分を磨きあげる。そのほうが心も体もキレイになって、仕事でも成果をあげられそうです。

№.14

「あなたがスゴイと思うことでも、
世の中の半分の人は
理解できないものよ」

One half of the world cannot understand
the pleasures of the other.

ジェーン・オースティン *Jane Austen*

作家（1775年－1817年）
キーラ・ナイトレイがアカデミー賞
主演女優賞にノミネートされた映画
『プライドと偏見』、グウィネス・パル
トロウ主演映画『エマ』などの原作者。
近代イギリス小説の頂点とされる作品
多数。

伝わらないのは
相手のことを考えていないだけ。
人の気持ちを想像しよう！

　どうしてわかってもらえないのかと、もどかしくなることがあります。自分の伝え方が悪いのか、あるいは受け止め方の次元が違うのか……。

　でも、そもそも「ある人たちにとっては世界の常識に思えても、じつは狭い世界でしか通用しない発想だ」というのがジェーンの考え方でした。

　たとえば、スマートフォンを世に広めたスティーブ・ジョブズも、そんな考え方でだれにでもわかりやすく物事を伝えました。難しい専門用語で説明しても人は興味をもちません。じゃあ、どうするか？

　ジョブズは商品の価値を「速度は2倍、価格は半分」と、買う人が判断しやすい言葉にしました。〝30ギガという容量〟の説明は「音楽7500曲、写真2万5000枚、ビデオ75時間の記録に十分な大きさ」でした。

　すべては、〝聞き手にとって意味がある内容に置き換える〟ことで、はじめて理解してもらえます。

　それは、けっしてまわりにあわせて自分を捨てることではありません。

№.15

「成功するためには、
100パーセントの力を注ぐこと。
私は今でもそう心がけているわ」

I believe to be successful at anything
you have to give it a 100% commitment and
that is what I still do to this day.

ミランダ・カー *Miranda Kerr*

モデル（1983年‐）
メイベリン・ニューヨークのモデル、
下着ブランドのヴィクトリアズ・シー
クレットのモデルに起用される。俳優
オーランド・ブルームと結婚し第1子
を出産、実業家エヴァン・シュピーゲ
ルと再婚。その後もモデルとして活躍。

自分なりのルールをつくり
セルフコントロールをしよう。
きっと、いい結果がついてきますよ。

　ミランダ・カーは、メイベリン・ニューヨークのキャラクターをつとめ、大人気の下着ブランド、ヴィクトリアズ・シークレットのエンジェルをこなした世界的な人気モデル。しかもハリウッド・スターのオーランド・ブルームとの間に子どもを授かり、出産後はすぐにモデルの仕事に復帰。のちに、7歳年下の実業家エヴァン・シュピーゲルと再婚しました。

　彼女自身、美容や健康に気を使うことはもちろんのこと、仕事でもプライベートでも、セルフコントロールをしているのです。たとえば、自分にこんなルールを課しているといいます。

　1）パートナーとの関係を大切に育む

　2）スポーツやエクササイズを楽しむ

　3）自分の信条のために立ち上がる勇気をもつ

　4）体をいたわる

　自分なりのルールを設けて100パーセントの力を注ぐからこそ、美貌にさらなる磨きがかけられ、人生も充実するわけですね。

No.16

「だれかの二番煎じじゃなくて、
自身の最高を
目指したほうがいいでしょ?」

Be a first rate version of yourself,
not a second-rate version of someone else.

ジュディ・ガーランド *Judy Garland*

女優、歌手（1922年‐1969年）
代役でデビューした映画『オズの魔
法使い』でアカデミー賞子役賞を受賞。
「虹の彼方に」はだれもが知る曲となっ
た。『スタア誕生』でアカデミー賞主演
女優賞にノミネート。グラミー賞では
最優秀女性歌唱賞を受賞。

自分の最高を目指してみよう!
それでこそ、自分の価値が
でてくるんです。

　人がやらないことをやり、道なき道をいくのは、勇気がいることです。

　映画『オズの魔法使い』でブレイクしたとき、ジュディはまだ13歳でした。当初、主役のドロシー役は人気子役のシャーリー・テンプルが演じるはずだったものの、トラブルから急遽ジュディが代役に大抜擢。ところが代役だったジュディが楽しそうに歌い踊る姿は映画史に残る名場面となり、アカデミー賞作品賞にノミネートされるまでの評価を受けました。

　当時は黒人音楽をやっと白人が受け入れた時代。ジュディは黒人的な発声を取り入れた最初の白人ミュージカルスターとしても有名でした。

　人のやらないことに挑戦し、自分らしさを前面に押しだすことでスターダムを駆け上がります。

　たとえ代役だったとしても、人の真似をしたのでは代役以上にはなれません。

　自分の最高を目指すからこそ、自身の価値が認められるんですね。

№.17

「自分の足で立てば、
　人生は豊かになるの」

There is a richness in a life
where you stand on your own feet.

マーガレット・バーク＝ホワイト *Margaret Bourke-White*

報道写真家（1904年‐1971年）
『ライフ』誌創刊号の表紙を飾った女性
写真家。マハトマ・ガンディーの糸紡
ぎ車の横にすわる写真など有名な作品
を数多く撮影。「世界初」「女性初」と
名のつく仕事を多くこなした。

自分で切り開けば道はできます。
草をかき分ける努力があってこそ
人生はますます豊かに!

　マーガレット・バーク＝ホワイトという名前は知らなくても、写真を見れば「これを撮った人か」とわかるかもしれません。

　戦時中にカメラマンとして仕事をしてきたので、その仕事には「女性初」「世界初」がつくことが多く、女性としてだけではなく、戦場の報道カメラマンの草分けとして、道なき道を切り開いていきました。

　彼女はしかるべき時にしかるべき場所にいる才能があったと言われ、ガンディー暗殺のわずか数時間前にインタビューをして写真撮影を行い、それが代表作のひとつになっています。

　でも、その場にいあわせるための必死の努力がありました。世界初の女性従軍記者として戦地にも赴き、裏では「将軍のマットレス」などと心ない言葉がささやかれることもあったのです。

　水面下で必死に足をかきながら、精一杯の仕事をして自分の足で立つ。それでこそ、人生はますます豊かになるのです。

No.18

「何よりもすばらしいものは
情熱よ。
情熱なくして
一体何をえられたというの?」

You know the greatest thing is passion;
without it what have you got?

ダイアナ・ヴリーランド *Diana Vreeland*

ファッション・エディター
(1906年-1989年)
34年間、雑誌『Harper's BAZAAR』
『VOGUE』で活躍した編集者。引退後
はメトロポリタン美術館のコスチュー
ム部門コンサルタントとして活躍。
オードリー・ヘップバーン主演映画
『パリの恋人』に登場する編集長のモデ
ルとなった。

心血注ぐ〝情熱〟があってこそ、
自分の最高が引きだせます。

　伝説のファッション・エディターと称されるのがダイアナ・ヴリーランド。『プラダを着た悪魔』に登場する編集長のモデルとなった『VOGUE』編集長アナ・ウィンターと並ぶファッショニスタとされ、当時は衝撃的だったビキニやデニムを取り入れるなど新しいファッションを次々と世界に向けて発信。

　また、トップモデルのツィギーやローレン・バコールを真っ先に起用した女性でした。

　既成概念を覆し、細すぎる首や離れた目など、ともすればコンプレックスになりがちな個性を〝美〟と定義し、写真家リチャード・アヴェドンやデザイナーのマノロブラニクなどの才能も見いだし、『Harper's BAZAAR』や『VOGUE』といったファッション雑誌を創りあげることに情熱を注いでいったのです。

「たとえば、もし愛する人がいるなら、ありったけ愛すること。でも、そこに情熱がなければ、燃え上がりもせず、熱狂的にもならず、生きていないも同然よ」

　仕事にも愛情にも、すべてに情熱を！

№.19

「仕事には、
　全人格を注ぐ覚悟が必要」

Be aware that you need to put all of
your personality and soul into a job.

草間彌生 *Yayoi Kusama*

前衛芸術家、作家（1929年−）
水玉や網目をモチーフにした作品を制
作。国内外で高い評価を受ける。一方
で1983年『クリストファー男娼窟』で
野生時代新人文学賞も受賞。芸術選奨
文部大臣賞、外務大臣表彰、紺綬褒章、
フランス芸術文化勲章オフィシエ、高
松宮殿下記念世界文化賞、旭日小綬章、
文化功労者顕彰ほか多数受賞。

ときには自信をもって、全力で、
自分のやり方を貫く勇気をもとう！

　香川県・直島の海辺に突きでた黄色に黒水玉の「南瓜」の彫刻や、船着き場の「赤いかぼちゃ」といえば、芸術なのに親しみやすくもある草間彌生さんの作品です。「前衛の女王」の異名をとり、国際映画祭にも数々入賞し、さらには小説でも賞を受賞。そして、ヴェネツィア・ビエンナーレなど世界各国でその作品は高い評価をえています。そんな彼女の仕事に対する姿勢は……。

「仕事はまず初めに『全人格を注ぐ覚悟』が必要であり、自分が今もつ力は使いきり、また次を引きだしていくこと」

　そこにしか成長はありえないというのです。

「私は命の限り、最高の芸術をつくり続け、心の限り生涯をささげてきました。全人類の心を打つ魂の足跡を残したく、私の心からなる誠実を、後世へのメッセージを打ちたてたい。求道の心をもって生き、私は毎日芸術と闘っています」

　命を使いきるほどに、全人格を注いで仕事に打ちこむのが草間流。それでこそ、「この道を歩いてきてよかった」と思える仕事ができるのです。

Chapter
3

成功と失敗に
学ぶ

Learning from
success and failure

No.20

「行く価値のある場所に、
近道などありません」

There are no shortcuts to any place worth
going.

ビバリー・シルズ *Beverly Sills*

オペラ歌手（1929年－2007年）
米国のもっとも有名なオペラ歌手のひ
とり。コロラトゥーラ・ソプラノと
して活躍。1980年に引退したあとは、
ニューヨーク・シティ歌劇場のゼネラ
ル・マネージャーをつとめた。

たくさん経験して、
未来の糧にしよう!

　アレクサンドロス大王が、哲学者アリストテレスに「もっと楽に勉強する方法はないのか?」と言ったところ、「学問に王道なし」、つまり「王様だからといって特別楽に学べる道はありません」とたしなめたそうです。

　なりたいものになろうとするとき、できれば苦労をしないで目標に行きつきたいと思うもの。でも、その場はしのげても、いつかきっと避けてしまった問題と再び出くわしたり、同じような努力を求められたりすることになります。

　ビバリー・シルズは、アメリカの有名なオペラ歌手。彼女の声は高く明るいものだったのに、声とは裏腹な落ちついた役柄でも避けることはなく、その歌い方を変化させて高い声をカバーする工夫をしました。そして、目新しい歌劇作品にも果敢に取り組むなど並々ならぬ努力をし、彼女はオペラ界のスターとなります。

　どんなことでも目的地までは通るべき道を通って経験することが必要。楽な道は存在しないのですね。

No.21

「批判はすべて、
　分厚い〝賞賛〟のパンに
　サンドするものよ」

Sandwich every bit of criticism between
two thick layers of praise.

メアリー・ケイ・アッシュ *Mary Kay Ash*

米国大手化粧品会社の創業者
（1918年-2001年）
化粧品会社メアリー・ケイを設立する
と、みるみる成長し米国でトップクラ
スの化粧品会社に。その起業家精神と
手腕で注目され、女性が力をだせる仕
事を生みだしていく。

魔法の〝ほめる力〟でうまく包んで いい結果を導きだそう!

　相手に批判的な言葉を伝えるときは、〝分厚い〟ほめ言葉に挟んでみましょう。ほめ言葉は批判を上手に包みこんでやわらげてくれるだけではなく、さらにやる気につなげてくれるからです。

　実際、怒られたり、ほったらかしにされるより、ほめられたほうがいい結果がでるそうです。小学生3グループにテストの問題を解かせる心理実験があります。

　1）基本的にほめられる。2）基本的に叱られる。

　3）何も声をかけられない。

　これで何日か続けてみると……1）のグループはテストの成績が伸び続け、2）のグループは最初は伸びるもののやがて停滞、3）のグループは変化なしの結果になったそうです。

　メアリー・ケイ・アッシュは、女性が本領発揮できるような仕事を考えだした人。そうした実践の経験の中で感得したのが、〝ほめる効果〟だったのです。

　ほめられるというのは、いくつになってもうれしいものです。上手にほめれば、魔法をかけたかのように相手のやる気が引きだせますよ。

No.22

「いきなり頂上にはいけないので、
一歩、一歩です」

You cannot get to the top of the mountain effortlessly;
you need to go up step by step.

上原ひろみ *Hiromi Uehara*

ジャズピアニスト（1979年-）
法政大学法学部を中退しバークリー音楽院に留学。在学中に米大手レコード会社と契約し全米デビュー。音楽院を首席で卒業後、日本デビュー。2011年にグラミー賞受賞。

楽して頂上には辿りつけません。
でも日々登るうちに、
ゆったりと、広がる景色が
楽しめそうですよ。

　　上原ひろみさんは、「ピアノを弾くためには、いろんな経験が必要」だと考えて、日本の大学で法律を専攻してから、米国のバークリー音楽院に留学。日本ではすでにCMの音楽などを手掛けていましたが、アメリカ人の目には幼く見えるため、アメリカの舞台に登場するたびに、お客さんはがっかりした雰囲気になったといいます。

　　そこで、体を大きく見せ威厳を感じさせるために、スプレーで髪の毛を逆立てたり、机をはじいて指を鍛えたりと、人に負けないように考え抜いて工夫と努力を重ねてきました。

　　今や、彼女がピアノを弾きだすと会場の空気がガラリと変わり、観客は一気に彼女が奏でる音楽の流れに乗るようになりました。

　　ピアノだけではなく、あらゆる面からの一歩ずつの前進を続け、2011年に音楽家にとって最高の栄誉のひとつであるグラミー賞を受賞。

　　一歩一歩、地面を踏みしめて登っていった頂上には、すがすがしい風景が広がっていそうですね。

No.23

「困難なことを成し遂げて、
目標を達成した上に
つくりだす自信は、
最高に美しいものよ」

The self-confidence one builds from achieving
difficult things and accomplishing goals
is the most beautiful thing of all.

マドンナ *Madonna*

歌手（1958年-）
『ライク・ア・ヴァージン』を機に大胆
なイメージで世界的なメガスターに。
全米シングルチャート TOP10 獲得数
歴代1位の37曲をはじめ、グラミー
賞7回ほか数々の記録と受賞歴をもつ。

今の苦労も、いつか自慢話に
変わるんです!

　マドンナは、スターの座を夢見てたった35ドルを手に単身ニューヨークにでてきました。わずかな時給のウェイトレスやヌードモデルをしながら生活をつなぎ、ダンスのレッスンを続けてデビューのチャンスを手にします。そして自らをアイコン化し、その美貌と迫力の歌やダンスでポップ・クイーンとしての地位を確立していきました。

　アメリカンドリームはだれにでも門戸を開いてくれるぶん、競争だって熾烈。マドンナは自身を磨きあげ、自分を売るための努力を積み重ねたのです。

　数十ドルを握りしめていた時代から、自らの力で、ワールドツアーで数億ドルを生みだすまでの世界的なアイコンになり、ベストアルバムでは、ブレイク前のレニー・クラヴィッツを起用するなど、若手アーティストにもチャンスを与えています。

　困難にめげず、目標を達成するたびに、自信はついていくもの。そして、その自信はゆるぎなく、限りなく美しいものになるのです。

No.24

「私は、失敗を恐れたことがないの。よいことは、必ず失敗のあとにやってくるものだから」

I wasn't afraid to fail.
Something good always comes out of failure.

アン・バクスター *Anne Baxter*

女優（1923年-1985年）
建築家のフランク・ロイド・ライトの
孫娘。『イヴの総て』でアカデミー賞主
演女優賞にノミネート。超大作映画
『十戒』ではその美貌を生かして、エジ
プトの王女を演じている。

失敗は恐れずに。
成功への方程式のポイントは
「失敗イコール学び」です。

事業に失敗した起業家に対して、出資者はどうするでしょうか？　欧米ではまた資金を提供して、チャンスを与えるそうです。なぜなら、失敗した人は、"学んでいるから"。そこには、こんな方程式ができあがります。

学び（＝失敗＋経験）＋次の挑戦＝成功！

アン・バクスターは、ニューヨークではステージで名が売れていたにもかかわらず、映画全盛期だったハリウッドに乗りこんでいきます。ところが、カメラテストを受けても彼女には門戸が開かれず、一度はニューヨークに戻ることを余儀なくされました。

それでも夢を捨てきれず、一度は失敗したハリウッドで再度テストを受けて、20世紀フォックス社と7年の契約を結ぶことに成功。それをきっかけに『イヴの総て』でアカデミー賞主演女優賞にノミネートされ、『十戒』などの作品で彼女の美しさを存分に引きたててくれる役にも恵まれました。

失敗しても果敢に再挑戦。よいことは、失敗のあとにくるものなんです。

No.25

「物事は型から入るのではなく、
いつも中身からとらえるの」

I never look at it from the standpoint of form.
I always look at it from the standpoint of content.

キャスリン・ビグロー *Kathryn Bigelow*

映画監督（1951年–）
映画『ハート・ロッカー』が『アバ
ター』を抑えてアカデミー賞作品賞ほ
か多数受賞。史上初の女性によるアカ
デミー賞監督賞受賞者。ジェームズ・
キャメロン監督は元夫。

形式に囚われない独自の視点を生かせば、大きな力に挑む勇気がもてますよ。

　ジェームズ・キャメロン監督のメガヒット映画『アバター』を抑えて、アカデミー賞で作品賞、そして女性として史上初の監督賞を受賞したのが、映画『ハート・ロッカー』のキャスリン・ビグロー監督でした。

　この因縁のふたり、ご存じのとおり元夫婦。

　キャメロン監督のハリウッドらしい3Dの超大作映画に対して、ビグロー監督の作品は有名俳優の出演もない地味なもの。

　戦争映画なのに男同士の友情も描かれず、やさしい奥さんが待っているなど、男性が思い描くようなファンタジーもいっさいなし。ところが、心臓をえぐるような心理描写と斬新な映像、現実を目の当たりにするかのようなリアルなタッチがハリウッドらしさの型を破り、むしろ新鮮でした。

　華やかさや〝型〟から入るハリウッドらしさを脱ぎ捨て、3Dの最新技術を駆使した元夫の超大作との賞レースに挑んだ結果──勝利したのは、技術や型に囚われず、内面から描くビグロー監督の視点だったのです。

No.26

「最後は理論ではない。
　一瞬のカンです」

The final decision is not based on theory,
but on a stroke of intuition.

緒方貞子 *Sadako Ogata*

国際政治学者（1927年-2019年）
国連公使、国際連合児童基金執行理事
会議長、国連人権委員会日本政府代表、
第8代国際連合難民高等弁務官他をつ
とめる。2001年からアフガニスタン
支援政府特別代表、2012年から国際
協力機構特別顧問。文化勲章ほか受章
多数。

自分が今優先すべきことを、
現場で瞬時に感じとりたいものです。

東西冷戦後の10年間、国連難民高等弁務官事務所（UNHCR）のトップとして世界の難民支援を指揮してきたのが、日本人女性の緒方貞子さんでした。

武装集団が紛れた難民集団や、孤立したサラエボへの支援など、前例のない数々の困難な状況に直面してきました。国境を越えない人々を難民と呼べず、国連が手出しをできないときに、ルールよりも人の命を優先し、超法規的な措置をとることもあったそうです。

そこにあるのは、机上の理論だけでは片づけられない現実。理屈ではない一瞬のカンこそが、命を守り、平和と成功へと導くのです。

多くの命が危機にさらされる中で、緒方さんは「生命を守ることがすべてに優先する」「現場主義に徹する」の信念を貫き難局を乗り越えてきました。

そして、「世界的視野で『共生』を模索していくべきだ」と、緒方さんは言います。こうした瞬時の判断力と共生の心は、あらゆる場面で大切なことではないでしょうか。

№.27

「自分の生き方を決めると、人はくよくよしなくなる」

It's amazing the cares one loses
when one decides
not to be something, but someone.

ココ・シャネル *Coco Chanel*

ファッションデザイナー
（1883年 - 1971年）
帽子アトリエの成功でファッションデ
サイナーへ。窮屈さから女性を解放す
る「シャネルスーツ」を生みだす。一
時は退いたデザイン界に復帰するも不
評を買うが、渡米し再度成功を収める。

失敗は、強くなれるチャンス。
腹をくくれば、くよくよもふっきれて、
いつか勇気に変わりそうです。

　年と経験を重ね、逆境を乗り越えることで、シャネルは強くなっていきました。

　シャネルは一度ファッション業界を退いてから復帰するものの、復活の発表会が失敗に終わり「過去から脱却できていない」との酷評を受けてしまいました。会社も彼女をデザイナーから降ろそうとする中で、もう一度再起を狙います。「人間は成功ではなく、失敗で強くなるの」という言葉とともに。

　苦境にも負けないその強さはどこから来るのか……まだ無名のころ、自分がつくる帽子だけでは食べるものすら買えず、著名なデザイナーと組むことで、一気に世間に名前が知れわたるようになったシャネル。

　過去の辛い経験で強くなった自分は、今の困難くらいは乗り越えられると自分を鼓舞しました。

　　　──私は逆流をさかのぼって強くなった。
　　　──人間は成功ではなく、失敗で強くなるの。

　腹をくくって復帰した彼女の、この言葉をもらうだけでも強くなれそうです。

No.28

「どうにも乗り越えがたい
　障害にぶつかったとき、
　頑固さほど
　役に立たないものはないわ」

In the face of an obstacle which is impossible to overcome,
there is nothing like stubbornness.*

シモーヌ・ド・ボーヴォワール *Simone de Beauvoir*

＊ stubbornness is stupid
が一般に英語訳として多く
見られますが、ここでは上
記英語訳にしています。

作家、哲学者（1908年–1986年）
パリ大学に学び、サルトルと出会い事
実上の妻に。代表作『第二の性』で「人
は女に生まれるのではない、女になる
のだ」と、女性らしさが社会的につく
られた約束事にすぎないことを記した。

ときには、
心をほぐす柔軟体操も
必要なんです。

　同じ大きさのスポンジと木があったとします。さて、小さな筒に通そうとすると、スポンジならばやわらかく形を変えて通れますが、木は難しい。人の心もコレと同じで、形を変えなければ、通り抜けられるものも抜けられなくなります。どうしてもダメなときは、他の方法を探す柔軟さをもてたら、ずっといい結果になるかもしれません。ボーヴォワールはこう言います。

「乗り越えがたい障害に、頑固さは役に立たないわ」

　ボーヴォワールは、哲学者サルトルと事実婚状態をとった、今でいうフランス婚のはしりのような人。時代が決めた型を抜けでた結婚の形を模索し、「人は女に生まれるのではない、女になるのだ」と、女性らしさですら社会的につくられた約束事にすぎないとしています。

　そんな難しいことを考える哲学者ですら「柔軟に」とすすめています。固まった頭をちょっとだけほぐしてやわらかくしてみれば……ほら、乗り越えることも、通り抜けることもできそうですよ。

No.29

「ロープの最後まで
きてしまったら
結び目をつくって
しがみつくこと」

When you get to the end of your rope—
tie a knot in it and hang on.

エレノア・ルーズベルト *Eleanor Roosevelt*

米国大統領フランクリン・ルーズベルト夫人
（1884年‒1962年）
5男1女の子どもを授かりながら、もっとも
活動的なファーストレディとされた女性。人
権活動家、コラムニスト、世界人権宣言の起
草者と、その活動は多岐にわたった。

ダメだと思う前に、
もう一度手だてを考えてみよう。
小さな結び目が、
大きな力をくれるかもしれませんよ!

「もう滑り落ちる」と思ってロープから手を放す前に、
なんとかできそうな方法を考えて、もうひとふんばり。

ロープの端っこを結んで滑り止めにすれば、あともう
少しがんばってしがみつけそうです。

だから、あきらめずに。

ルーズベルト大統領夫人となったエレノアは、少女の
ころは病的なほど臆病で内気でした。

そこでエレノアは「自分自身に対する恐怖に取りつか
れている」と考えて、自分の気持ちを解放する訓練を受
けることで、臆病で内気な自分を克服。後に、世界中の
人の前にでる大統領夫人まで勤め上げました。

ロープの端っこで自分を支えてくれる結び目は、人に
よってそれぞれ。

だから、自分で結ぶしかありません。

でも結んでもう一度力をだせば、エレノアみたいに登
りきることだってできそうです。

No.30

「一生、生徒。
私は、教わること
そのものが大好き」

I'm just a student through my whole life.
I like learning itself.

吉永小百合 *Sayuri Yoshinaga*

女優
高校在学中『キューポラのある街』に
ヒロイン役で出演。デュエットで30
万枚セールスの大ヒットとなった『い
つでも夢を』で日本レコード大賞受賞。
日本アカデミー賞最優秀主演女優賞は
4回受賞。

素直に学ぶ。
いくつになっても、忘れずに。

　あの美貌で、なんと戦後日本と同じ年だそうです。10代でデビューしてから半世紀にわたってトップスターであり続け、「スポーツ選手からアイドルまで含めたタレント好感度ベスト10」に何度も名を連ねたスターぶり。これほどの長い期間、つねにトップスターであるのは吉永小百合さんくらいだと言われます。

「振り返れば失敗ばかりです。失敗するから次がある……だから後悔はしないけど、反省ばかりなんです」

　自分はプロと言えるほどの力量ではなかったので、素人なりに大きくなりたいと思ってきた、と言います。

　どんなことにも学ぶ姿勢を貫き、謙虚で控えめ、清楚で品格があり……だれもが日本の代表だと考える女優・吉永さんのこの姿勢が、みんなに愛される、女優としての不動の地位を築いたわけですね。そして、トップに立ってもまだ学ぶ。

「一生、生徒」

　つつましやかに貪欲な、日本が誇るスターが語った言葉です。

Chapter

4

背中を押して
ほしいとき

When you need a gentle push
from behind

No.31

「高校のとき、友達はみんな
『Googleで働きたい』って
言ってたわ。
でも私は『そこで検索される人間』
になりたかった」

When I was in high school all my girlfriends
wanted to get jobs here (at Google).
And I wanted to be what they were searching for.

レディー・ガガ *Lady Gaga*

歌手（1986年－）
デビュー・アルバム『ザ・フェイム』
は1500万枚以上売り上げ、シングル
『ジャスト・ダンス』『ポーカー・フェ
イス』は世界のチャートで1位を獲得。
MTV Video Music Awards 2010で
は8冠を達成。

上を目指すほど、
身近な目標のクリアは
楽に見えてくるものです。

　これは Google のインタビュー番組に登場して、来場者に感謝を伝える場面での言葉でした。「友達がみんな働きたかったような会社に来られて幸せ」とみんなに感謝したあと、「私はここで検索をされるような人間になりたかった」と、その野心の高さを示す言葉に会場が沸きました。

　ガガは、お嬢様高校から大学に飛び級で入学しながらも、肌が合わずに退学して家をでて、ストリップクラブや、レストランでパフォーマンスをして、自分で生計を立てていました。学校では個性が強く奇妙な存在として煙たがられたガガですが、プロデューサーの目には逆に「稀有な存在」と映ったのです。今や、〝Lady Gaga〟を Google で検索すると、約1億5000万件がヒットし（2022年8月現在）、映画『アリー／スター誕生』でもアカデミー賞主演女優賞にノミネートされるまでに。

　世界有数の企業で働くよりも、世界有数の企業サイトで検索される人物になることを目標にする。そんな志の高さが、レディー・ガガを創りあげたんですね。

No.32

「航空力学的にはマルハナバチは
　飛べるはずがないけれど、
　マルハナバチは
　航空力学なんて知らないから、
　とりあえず飛び続けているのよ」

Aerodynamically, the bumblebee shouldn't be able
to fly, but the bumblebee doesn't know it so it goes
on flying anyway.

メアリー・ケイ・アッシュ *Mary Kay Ash*

米国大手化粧品会社の創業者
（1918年‐2001年）
化粧品会社メアリー・ケイを設立する
と、みるみる成長し米国でトップクラ
スの化粧品会社に。その起業家精神と
手腕で注目された。会社のマスコット
にマルハナバチを起用している。

「できる」と信じること。
最初から否定したら、できることも
できなくなっちゃいますよ。

マルハナバチというのは、2センチ前後のまるまるフワフワとしたハチ。その体に対して羽が小さいために航空力学的にみると飛ぶのは不可能だといわれてきました。そこでメアリー・ケイ・アッシュが考えた飛べる理由は……「自分は飛べないと、知らないから」。

マルハナバチは「自分は飛べるはずだ」と信じて疑ったこともなければ、「あなたは飛べないのよ」と言われたこともありません。人は、できないと思った瞬間にできなくなるものですし、やる前から「絶対ムリだよ」なんて、やる気をそぐような言葉にも左右されてしまいます。

マルハナバチは、独自の飛行法で飛ぶのだそうです。

メアリーは化粧品会社を立ちあげて大手に育てた経営者。彼女の会社ではマルハナバチをマスコットにしてその精神を社訓とし、成績のいい社員にダイヤをちりばめたマルハナバチの置物を贈るそうです。

できるかどうか……と考えはじめたら、マルハナバチのことを思いだしてみましょう。

まずは「できる」と信じることからです。

No.33

「決めるのは、あなたよ」

The decision's yours.

映画『プラダを着た悪魔』より

ジャーナリスト志望でファッションなど縁かなかった、アナ・ハサウェイ演じる主人公が、雑誌『Vogue』でメリル・ストリープ演じる悪魔のような最悪の女上司の下でひたむきにかんばり、認められていく姿を描いた作品。

どんなに迷い、どんな助言をもらおうと、
自分の人生を選ぶのは、
最後は自分の責任です。

　こんな女上司はまっぴらだと思わせ、その存在感で「ダブル主演」とまで言わしめたのが映画『プラダを着た悪魔』の編集長ミランダ役のメリル・ストリープ。このセリフは、厳しくも自分勝手なミランダが、第1アシスタントをおいて、第2のアンディ（アン・ハサウェイ）をパリコレにつれて行くと切りだすシーンのもの。アンディが人を差し置いては行けないと答えると、ミランダは「将来を真剣に考えていないのね」とゆさぶりをかけます。

　ボスとしてのミランダなら「来なさい」と宣告するところが、「決めるのは、あなたよ」と言い捨てます。「パリコレ行き」は、ここでは「ファッション界の正式会員」として認められる象徴であり、つまりは「自分のキャリアを決めること」になるわけです。

　だから、決めるのは自分。

　最終的にその道を進み生きるのは自分だから、命令に従うのではなく決めなさいと教えてくれた、鬼編集長の役柄とメリル・ストリープの人柄からにじみでる、人間味が隠されたセリフでした。

No.34

「君はなんで
そんなに幸せな環境にいるのに、
やりたいことをやらないんだ?」

Why don't you do what you wanna do even though
you are in such happy surroundings.

山口絵理子 *Eriko Yamaguchi*

バッグデザイナー（1981年-）
アジア最貧国バングラデシュで日本人
初の大学院生となり、「施しではなく
先進国と対等な経済活動を」の理念の
もとバッグを現地で生産し、それを日
本で販売する（株）マザーハウスを設
立。日本で人気を博す。

やりたいことは、やってみる。
そんな気持ちが、悔いのない人生の
第一歩ですよ。

「途上国発のブランドを創る」

　そんな目標をたてたときのことを本人も「夢物語だと思った」そうです。

　でも、アジア最貧国バングラデシュで、きれいな水すら手に入らず、ただ生きるために生きるような貧しい生活の人たちの中で「君は幸せな環境にいるのに、やりたいことをやらないの？」と問われた気がしたといいます。

　そこで、「かわいそうだから買ってあげる品」ではなく、先進国に認めてもらえて、しかもつくり手も誇りに思えるような製品を生みだそうと現地で起業しました。

　一歩踏みだしてダメでも、踏みだすことが大事じゃないか。その先に失敗があったとしても、それは勇気を振り絞って歩いた証拠だ……と。

　今は日本ですら「幸せな環境」とは思えない状況の人も多くいることでしょう。でも、彼女の「たとえ裸になってでも自分が信じた道を歩く」という心のもち方は、どんな場面でも生きる力になりそうです。

№ 35

「私のモットーはね
『〝こいつ自信があるな〞って
相手に思わせることができれば、
なんだってできる』っていうこと。
たとえ自分を見失って
しまっているときでもね」

My theory is that if you look confident
you can pull off anything
——even if you have no clue what you're doing.

ジェシカ・アルバ *Jessica Alba*

女優（1981年-）
ジェームズ・キャメロン製作総指揮の
ドラマ『ダーク・エンジェル』の主人
公でブレイクし、ゴールデングローブ
賞主演女優賞にノミネート。男性誌で
つねにセクシーな女性の上位に選ばれ
る。

自信がないときこそ空元気。
たまには、虚勢をはってでも
がんばろう。

　メキシコ系アメリカ人の父とフランスとデンマークの
血をひく母をもつジェシカは、イギリスの雑誌で「世界
一セクシーな女性」に選ばれたこともある美女。

　ジェシカはこのセクシーさのために、むしろ役が限ら
れがちになり、同様にエキゾチックな顔立ちをした「ナ
タリー・ポートマンに比べて役に恵まれない」「キャメ
ロン・ディアスのほうがもっとラテン系なのに」といっ
た不満ももっていたそうです。

　上を見るほどに 今の自分に自信がなくなっていきま
す。けれども、上を望むからこそ自信たっぷりに振る舞
うのが成功の秘訣だと、彼女は言います。

　自分らしさを貫く姿勢は、相手に「こいつ自信がある
な」と思わせることができます。

　ハッタリでもいいから自信があるように見えたら、
こっちのもの。

　自信があると思わせれば、自信なんかなくたって、
やっていることを納得してもらえます。ね、あとは本当
に力を注ぐだけ。

No.36

「だれにでも才能はあります。
　必要なのは、
　才能が導いてくれる
　暗闇に踏みだす
　〝勇気〟です」

Everyone has talent.
What is rare is the courage to follow the talent to the dark
place where it leads.

エリカ・ジョング *Erica Jong*

作家（1942年–）
女性の性的欲求を扱った小説『Fear
of Flying』でセンセーションを巻きお
こし、繊細な心理描写で当時の女性の
あり方や自由への欲求などを描きだし、
人気を博した。

だれもがもつ才能に、
〝努力する時間〞をプラスすれば、
一歩を踏みだす勇気になりますよ。

じつは才能はだれにでもあり、才能を開花させられるかどうかに違いが生まれるのだそうです。

才能を開花させるコツを示したおもしろい実験があります。バイオリンを学ぶ生徒を3つのグループにわけて練習量を比較したものです。

1) ソリストになれそうな人　2) プロオケに入れそうな人　3) プロオケはムリでも音楽の先生になれそうな人

その結果、2) と3) の練習時間は4000時間〜8000時間の間。これに比べて1) の人たちは練習10000時間以上と飛躍的に長かったのです。この調査では「練習をせずに天才的才能を発揮する人」も「練習をしても上達しない人」も見られず、練習時間がカギだということがわかったのです。たとえばビートルズの突出した成功なども下積みにかけた「10000時間の努力」とタイミングの結果だとか。

こうした時間の積みあげがあれば、だれにでも自信が生まれ、暗闇に足を踏み入れるときの、道しるべにもなります。

№.37

「壁が高いほど、
挑戦しがいがあります」

The higher the wall,
the more rewarding the challenge.

菊地凛子 *Rinko Kikuchi*

女優（1981年-）
ハリウッド映画『バベル』で日本人
女優として約50年ぶりに米国アカデ
ミー賞で助演女優賞にノミネートほか、
数々の賞を受賞。シャネルの広告モデ
ルをつとめ、映画『ノルウェイの森』、
大河ドラマ『鎌倉殿の13人』など話題
作に多数出演。

落ちることを怖がらず、
壁が立ちはだかったら
高くても登ってみよう。
高ければ高いほど登りがいがある!

「そもそも日本で女優としてずっとやれるか不安でした」と菊地凛子さんは言います。正直、それまで女優としての彼女の名前を知っている人は少なかったかもしれません。そんな時期に、尊敬する監督の映画オーディションの話が聞こえてきたのが、のちにアカデミー賞にノミネートされる『バベル』でした。ブラッド・ピット、ケイト・ブランシェット、日本からは役所広司さん……そうそうたるメンバーが出演するハリウッド作品です。

　監督が求めていたのは、本当に耳の聴こえない少女。でも、自分がやれることをやるしかないし、これが最初で最後の機会だと思って飛びこんでいったそうです。乗り越えるべき壁が高いだけに、不安も覚えながら。
「壁が高いほど挑戦しがいがありますし、どっちに転んでも意味があるんじゃないかと思いました。落ちてもいいと」
　高い壁もまずは登ってみれば、乗り越えられるかもしれません。たとえ落ちたって、そこで必ず何かはつかめるはず。

№.38

「できるかどうか、
やってみなきゃ
だれにもわからないわ」

No one truly knows what is possible
until they go and do it.

リズ・マレー *Liz Murray*

ホームレスからハーバード大学に入学
（1980年−）
薬物中毒の両親の元で育ち、家を失っ
てホームレス生活を送る。特別支援付
きの高校に入学し、優秀な学生に贈ら
れる「ニューヨーク・タイムズ大学奨
学金」でハーバード大学に入学。自伝
『Breaking Night』を出版。

まずはやってみる。
「ムリだ」なんて
勝手に思いこまないことですよ。

　リズの生活は、子どものころから過酷なものでした。

　薬物中毒だった両親は、やがてアパートを失い、エイズを患っていた母親は病院に入院し、父親は保護施設に収容されてしまい、行き場を失ったリズは15歳でホームレスとなります。ただ、そんなときでも本好きだった父親の教えに従い、拾ってでも本を読んでいました。母親が亡くなると、リズは自分の人生について考えて「人生は行動すれば報われる」と考えるようになりました。

　それからホームレスであることを隠して特別支援付きの高校に入学。人の何倍も猛勉強をしてわずか2年で卒業し、「ニューヨーク・タイムズ大学奨学金」の試験に受かり、ハーバード大学に合格。

　子どものころからただ生きることに精一杯だった彼女は、自分で自分の人生を切り開きました。

「やってみるまで、できるかどうかなんてだれにもわからない」

　この言葉を、リズは体現してみせてくれました。

No.39

「失敗したら
　がっかりするかも
　しれないけれど、
　挑戦しなかったら
　可能性すらないでしょ」

You may be disappointed if you fail,
but you are doomed if you don't try.

ビバリー・シルズ *Beverly Sills*

オペラ歌手（1929年-2007年）
米国のもっとも有名なオペラ歌手のひ
とり。コロラトゥーラ・ソプラノと
して活躍。1980年に引退したあとは、
ニューヨーク・シティ歌劇場のゼネラ
ル・マネージャーをつとめた。

「成功」と「失敗」に
「経験」も一緒に並べてみよう。
失敗を恐れず挑戦することが、
成功への近道です。

何かに取り組むとき「うまくいく」「うまくいかない」のふたつの可能性がでてきます。結果だけを考えて「失敗したらどうしよう」「うまくいかなかったら恥ずかしい」という気持ちで取り組むと、萎縮してうまくいく可能性が低くなるそうです。「成長」を考えていないから、失敗が怖いんですね。

結果だけを見ると「成功」と「失敗」しかありませんが、そこには「経験からの成長」という過程が生まれます。

ある実験で、努力をほめた子どものほうが、結果をほめた子どもよりも、その後の試験でいい点数がでたそうです。

ビバリー・シルズは、高い声ながら重厚な役を演じたり、新しい作品にも果敢に取り組んだりと、つねに「挑戦する」ことで可能性を生みだしました。自分の努力を認めてあげれば、挑戦すること自体に価値が感じられます。すると、ガチガチの心がほどけて……じつは成功の道が開けるんです。

№.40

「立ち止まらず、
戦い続けること」

You just gotta keep going and
fighting for everything.

大坂なおみ *Naomi Osaka*

プロテニス選手（1997年-）
大阪府出身。最高ランキングはシング
ルス１位。WTA ツアーでシングルス
７勝を挙げ、うちグランドスラム通
算４勝。2018年と2020年の全米オー
プン、および2019年と2021年の全豪
オープン優勝。

目標を見つけたら、あきらめない、立ち止まらない。いつかきっと、たどり着けるから。

　これは、世界テニス大会の最高峰のひとつ全米オープンテニス優勝2日後のインタビューでのコメントです。

　対戦相手は当時の世界女王セリーナ・ウィリアムズ選手。その日は不調でミスを連発し、感情を乱して審判に暴言を吐くなど減点を受けます。一方で、格上のセリーナ相手に落ち着いて試合に臨んだ大坂選手に、勝利の女神が微笑みました。

　多くの人がセリーナの勝利を期待した中での大坂選手の優勝に、表彰式ではブーイングが起こりました。「予想を裏切ってごめんなさい」「こんな結果になり残念です」というのが、大坂選手の優勝コメントの冒頭のセリフ。これを受けて、「試合に負けそうなとき、どうしたらいいか」という質問への答えが左ページの言葉です。

　メンタルの弱さと戦ってきた大坂選手は、セリーナが取り乱す姿に自分を重ねたのでしょう。そんな彼女に対して、セリーナは表彰式で「ブーイングはあなたへじゃない。あなたはすばらしかった」と耳打ちしてくれたそうです。

No.41

「一人ひとりが重要であり、
それぞれに役割があり、
だれしもに現実を変える
力がある」

Every individual matters.
Every individual has a role to play.
Every individual makes a difference.

ジェーン・グドール *Jane Goodall*

動物行動学者（1934年-）
子どものころから動物が好きで、26
歳でタンザニアのジャングルで特にチ
ンパンジーの研究に従事。チンパン
ジーに道具を使う力があることを発見
した。動物福祉や環境教育を行う組織
JGIを設立。国連平和大使。

自分がずっとやっていたいこと、見ていて飽きないことは何？そこに、すべきことが隠れているかもしれませんよ。

チンパンジーは草の茎を穴にさしてアリを捕るなど、道具を使います。でも以前は「道具を使うのは人類固有の特徴」とされていたんです。

それを、無二の動物好きだったイギリス人の女の子が、26歳になって念願のアフリカにわたってチンパンジーと向きあうことで、従来の概念を覆しました。しかも、チンパンジーは感情豊かで、それぞれの個性が強いということも発見したんです。

「一人ひとりが重要であり、それぞれに役割があり、だれしもに現実を変える力がある」

動物好きだったジェーンの役割は、とにかくチンパンジーが好きで、チンパンジーをわかってあげること。自分に割りふられた役割を果たした今は、世界中で講演をする動物学者であり、国連の平和大使にもなりました。

大好きなことを掘り下げていけば、既成概念だって変えうる力になるんです。

No.42

「私は自分の魔法の力を
　強く信じてる」

I believe strongly in my own personal magic.

スーザン・サランドン *Susan Sarandon*

女優（1946年－）
今なおカルトな人気を誇る『ロッキー・ホラーショー』主演でその名を広め、『テルマ＆ルイーズ』など人気作も多い。『デッドマン・ウォーキング』でアカデミー賞主演女優賞を受賞ほかノミネート多数。

物事を動かす魔法の力は
だれにでもあります。
まずは、自分の力を信じることから。

　〝魔法〟と聞くと、おとぎ話の世界で使われる不思議な力や特殊な方法をイメージします。魔法使いのおばあさんたちが杖でエイッとやる感じですね。

　でもじつは、自分の力を賢く操縦して大きな力を発揮することでもあり、Magic には「神秘的な力」に加えて「手品」の意味もあります。

　つまり、自分でちょっと細工するだけで、操作できる力も含まれているわけですね。

　語源になった magi は元来「賢い者」を表し、mag- を含む言葉は magnet（磁石）、magnificent（壮大な）など、それだけで、〝大きな〟や、〝偉大な〟あるいは、〝不可思議な〟という意味を含むものも多いのです。

『ロッキー・ホラーショー』のような、ちょっと摩訶不思議で破天荒な作品にでることも多いスーザン・サランドンはこう言います。

「私は自分の魔法の力を強く信じてる」

　だれだって、自分でちょっと工夫できる魔法なら駆使できそうですよ。

Chapter

5

友情・人間関係を
なめらかに

Smooth out your friendships
and personal relationships

No.43

「不機嫌なのって、
ずるいでしょう?」

It's not fair to be in a bad mood, is it?

安藤優子 *Yuko Ando*

ニュースキャスター（1958年−）
大学生のときにレポーターとしてスカ
ウトされて以来一貫してフリーランス
として活動。日本を代表する女性キャ
スター。

108

自分なりに、感情を
コントロールする方法を見つけよう。
プラス思考のスパイラルで
人間関係も回りますように。

「不機嫌なのって、ずるいでしょう？」と、安藤優子さんは著書で語っています。その理由はといえば……。

「不機嫌だと、まわりが気を使ってくれるじゃないですか。それはずるいと思うし、子どもじみていると思う。自分の感情や体調をコントロールできる人になりたいと思ったんです。つまり、〝コントロール〟と、〝成熟〟って、私の中では同義語なんです」

確かに、不機嫌な人間はまわりの人間を振り回し、まわりも機嫌をとるだけでぐったり。結局は、機嫌の悪い本人も決まり悪い思いをするだけです。

「あなたがどんどん腐っていけばいくほど、あなたに対して、イヤな感情がまとわりついていくよ」と安藤さんは友達に言われたことがあるそうです。

イヤな感情がイヤな感情を呼んで、マイナス思考のスパイラルにはまりこんで、もうぐるぐる。

自分をコントロールできれば立派な大人。素敵な女性になれそうです。

№.44

「とどめを刺すやり方を 覚えるのではなく、 相手をもてあそぶ やり方を覚えなさい」

Learn to string difficult people along rather than quickly going in for the kill.

上野千鶴子 *Chizuko Ueno*

社会学者（1948年−）
東京大学名誉教授。『近代家族の成立と終焉』でサントリー学芸賞、2011年朝日賞受章。日本社会学会理事、日本学術会議会員などをつとめる。『おひとりさまの老後』（法研）ほか、話題の著書多数。

とどめを刺さずにもてあそぶ。
一枚上手になることで、
相手をギュッとやりこめよう！

　論客として有名な上野千鶴子さんは、議論の仕方として「相手にとどめを刺してはいけません」と教えています。〝とどめを刺す〟とは穏やかではありませんが、とどめを刺したら、関係を断ちきることになり、自分だって嫌われます。

「その世界であなたが嫌われ者になる。それは得策じゃない。とどめを刺すやり方を覚えるのではなく、相手をもてあそぶやり方を覚えなさい」

　相手をもてあそぶ……つまり〝一枚上手になりなさい〟ということ。

　たとえば多くの言葉や知識を自分の中にたくわえておいて、たくさんの引きだしから、〝ならばコレ〟で返し、さらに相手の上を行く。

「議論の勝敗は本人が決めるのではない、聴衆が決めます。相手をもてあそんでおけば、勝ちはおのずと決まるもの。それ以上する必要も、必然もない」

　これが議論で、勝つための極意ですよ。

No.45

「家族でも友人でも、
自分なりの責任や
誠意みたいなものを持っていないと、
関係は成り立っていかないと
思うんです」

If you lack responsibility and sincerity,
you can't sustain a relationship,
even with family and friends.

松嶋菜々子 *Nanako Matsushima*

女優（1973年-）
『GTO』で人気を不動のものにして以降、『救命病棟24時』シリーズ、『やまとなでしこ』、映画『ゴースト』など数多くの作品で、主演をつとめる。また、ドラマ『家政婦のミタ』が大ヒット。俳優・反町隆史と結婚し2児の母。

親しい人とも信頼関係と感謝が基本。今日は素直に「ありがとう」「うれしい」と言ってみよう!

　積み木を積みあげてみましょう。できるだけ高く、崩れないように。そのためには基礎を安定させて、ズレないように積みあげていかないと、いずれ崩れてしまいます。人間関係もこれと同じで、〝信頼という基礎〞の上に丁寧に積み重ねていくことで創りあげられます。

　「家族でも友人でも、自分なりの責任や誠意みたいなものを持っていないと、関係は成り立っていかないと思うんです」と松嶋菜々子さん。親しい間柄では、許してもらえるという甘えから、〝なんとなく〞ですませてしまいがちです。そこでズレが生じます。人気俳優同士の結婚は難しいとされる中で、ふたりの女の子を授かり、仕事も私生活も安定した印象の彼女ならではの誠実な言葉です。そして、彼女がもうひとつ大切にしているのは……「とにかく気持ちを素直に伝えること」。

　うれしい、ありがとう……。特に感謝の気持ちこそ、素直に表現したいもの。

　素直さと誠実さ。親しい間柄でも大切に。

No.46

「私を心から
　信じてくれる人がいたら、
　奇跡すらおこせるわ」

If I have someone who believes in me,
I can move mountains.

ダイアナ・ロス *Diana Ross*

歌手（1944年–）
シュープリームス時代とあわせて18
曲で1位を獲得し、史上2位の記録を
打ち立てるなど、米国でもっとも成功
したアフリカン・アメリカンの女性
歌手のひとり。『イフ・ウィ・ホール
ド・オン・トゥゲザー』は日本でも大
ヒットした。

人生の長い時間、
信頼しあえる友人を見つけて大切に。
心の支えとなってくれそうです。

シュープリームスという伝説のボーカルグループで
ヒットを連発し、チャートの1位獲得数でビートルズに
次ぐ記録をもつダイアナは、世界の大スター。たいてい
のスターは、結婚生活や子育てで問題を抱えることが多
いものの、彼女は5人の子どもを育て、スターの中では
もっとも子育てに成功した人だと言われています。

マイケル・ジャクソンのテビュー前から、まるで母親
のように世話をして、すでにスターであった自分の名前
を使ってジャクソン5を世に出したのも彼女。そんな長
い間の信頼もあって、マイケルが亡くなったときに「自
分の母親が子どもたちの面倒をみられなくなったとき
は、ロスを子どもの後見人に」という遺書が見つかった
ほどの信頼をえていました。

生前も「ダイアナにはプライベートの秘密すら話せる
んだ。彼女も秘密を打ち明けてくれるしね」とお互いの
信頼関係を語っています。

こんな信頼関係を築ける人がいるだけで、奇跡すらお
こせる自信がもてるはず。

No.47

「素敵な女性たちからの教えを 自分の中で消化して 私自身も何か伝えたい」

I'd like to ingest the ways of wonderful women and also share something of my own.

天海祐希 *Yūki Amami*

女優（1967年-）
宝塚歌劇団の元月組男役トップスター。
入団7年で男役トップスターに。特別
に華やかな存在だった。退団後は流
行語大賞「アラフォー」の元となった
『Around 40』『女王の教室』『利家と
まつ』など数々のドラマに主演。

116

素敵な人から吸収したら、
自分なりにアレンジ。
反面教師からの教えは
削ぎ落とすことも、忘れずに。

「まわりの言葉に素直に耳を傾けられる、バランス感覚ってすごく大切」

　確固たる自分をもって、流されない気持ちは必要です。でも、まだまだ伸びる、〝伸びしろ〟があるときに、〝いいえ私はこう〟と、頑なになってしまったら、ただの融通がきかない我が強い人ですよね。

「若いうちから自己流だけに囚われるのはもったいない。世の中にはたくさんの可能性があって、先輩方はそれを教えてくれるんだから」

　まわりの素敵だな、スゴイなと感じる人たちから技術を盗んだり、吸収したり、もし教えてもらえるなら素直に耳を傾けたほうが絶対に得。そこから、自己流にアレンジすればいいんですから。

　素敵な女性から吸収して表現するのが天海祐希というスターのあり方。教えを受けて真似てみたら、いい女っぷりを分けてもらえそうです。

No.48

「信頼とは、
　鏡のようなもの」

Trust is like a mirror.

レディー・ガガ *Lady Gaga*

歌手（1986年-）
デビュー・アルバム『ザ・フェイム』
は1500万枚以上売り上げ、シングル
『ジャスト・ダンス』『ポーカー・フェ
イス』は世界のチャートで1位を獲得。
MTV Video Music Awards 2010で
は8冠を達成。

「人間関係の取扱説明」の例は——
鏡のように繊細で、くもることもあれば、
案外簡単にヒビも入ります。
大切に取り扱いましょう。

「信頼とは、鏡のようなもの。壊れても修理できるけれど、それでも後味の悪い割れ目を映し続けるの」

　鏡に割れ目が入るとヒビは残り、映る姿がゆがみ、ズレが生じます。人間関係に置き換えても、同じことがおこりますよね。いつも時間や約束を守らない、信用できない、自分本位……といった人には割れ目が映しだされ、その人との間にはゆがみが生じて、100パーセントの信用はできなくなります。

　レディー・ガガは音楽にも学業にも才能を現し、飛び級で大学に入学するなど優秀でしたが、風変わりな話し方や振る舞いから、いじめを受けることもありました。

　成功して力をもった今、ガガはその人たちに向けてではなく、そうした行為を行う社会に対して、いじめ撲滅などの活動を展開しています。やった本人は覚えていなくても、そこに割れ目は存在し続けるのです。

　人間の信頼関係は、その時々を大切に。一度できた割れ目は消えませんよ。

No.49

「お金って、
　つまり『人間関係』のことでも
　あるんだよ」

Money mirrors the human relationship itself.

西原理恵子 *Rieko Saibara*

漫画家（1964年－）
『ぼくんち』で文藝春秋漫画賞、『毎日
かあさん　カニ母編』で文化庁メディ
ア芸術祭マンガ部門優秀賞、『上京も
のがたり』『毎日かあさん』で手塚治虫
文化賞短編賞、『毎日かあさん』で日本
漫画家協会賞参議院議長賞受賞。人間
味あふれる作風で人気。

〝おごってもらって当たり前〟は、
卑屈な精神の芽生え……。
自分なりの金銭感覚を磨いて、
お金と付きあっていこう。

「お金との接し方は、人との接し方に反映する」と西原さんは著書の中で綴っています。

人におごってもらうと、ぺこぺこと頭を下げて卑屈になり、それが習慣化することで人間はダメになる。友達同士でも、いつも自分が払わないうちに、人間関係が対等ではなくなっていくものです。

それは、男女間でも同じこと。ご馳走になることで、どこか引け目がでてくるし、根本の考えがゆがんできます。「なぜ若い女の子は、おごってもらって当たり前なの?」と、本当なら疑問に思って当然のことなのに、当たり前で何も感じなくなったら、人間としての卑屈さが芽生えてきた証拠。

「女の子だって、ワリカンくらい当然な気持ちでいなさいよ」と西原さん。

自分なりの金銭感覚を磨いて、お金との付きあい方を見直すのは大切なこと。お金にルーズだと人も離れていくから、卑屈になりそうですもんね。

No.50

「誰かを素直にほめる気持ちは、自分にも返ってくると思うんです」

If you praise someone honestly,
it'll reflect well on you for sure.

篠原涼子 *Ryoko Shinohara*

女優、歌手（1973年-）
『恋しさと切なさと心強さと』が220万
枚を超えるメガヒットとなった。テレビドラマ『アンフェア』のヒットから
映画版でも映画初主演をつとめるなど
人気を博し、第44回ギャラクシー賞
個人賞受賞。

人のいいところに目を向けよう！
肯定の気持ちは、
きっと自分に返ってきますよ。

　不思議な魅力がある女性です。彼女に感じられる特殊なフェロモンは性的なものだけではなく、科学的にいう外敵の存在を知らせ、仲間を呼び寄せる、さまざまな個体への影響を総称したソレなのでしょう。

　篠原涼子さんは、やわらかな雰囲気と、凜とした強さの両方を兼ね備えています。ゆらゆらして見えながら、芯が強い。理想の上司像に挙げられながら、素敵なお母さんでもあります。人を惹きつけてやまず、守ってあげたくさせながらも、頼りたい存在……特別な感情や行動をうながす雰囲気をもちあわせるのです。

　息長く女優としての人気を保ち、プライベートも大切にする。じつはそこには彼女なりのハッピーの秘訣が存在するそうです。それは……「人のことをほめられる心の余裕や、人としての器は持っていたい」。

　相手を敬いほめる気持ちは、反射して必ず自分にも返ってくるもの。

　天性の雰囲気だけじゃない、素直にほめる、〝心がけ〟。これが、幸せ感漂う素敵な女性への第一歩ですよ。

No.51

「幸せな人ってだれでも、
ほかの人も幸せにするわ」

Whoever is happy will make others happy.

アンネ・フランク *Annelies Marie Frank*

『アンネの日記』著者（1929年–1945年）
ナチスから逃れるため知人宅の裏部屋に8
人で隠れ住むが、強制収容所で15歳で命
を落とす。潜伏生活で書いた『アンネの日
記』は10代女性の「読んでよかった伝記ベ
スト5」に入るなど、今も人気を誇る。

幸せな人は、人を癒やして
さらに幸せと人を呼ぶ。
イライラしすぎとは、さようなら。

　マンボウという魚は、弱っているときに身体から不思議な液体を出して、自分で体を治癒するんだそうです。だからマンボウのまわりには体の弱った魚が集まってくるんだとか。

　近くにいるだけで傷を癒やしてもらえるんですね。

　幸せな人というのは治癒してくれるオーラを出しているのか、まわりに人が集まってきます。だれもが癒やされ、楽しい気分になれるから。

　逆にイライラした人のまわりにいると、こちらまでその棘にさされそうで近寄りたくありません。

　自分がダメなときに幸せな気分を分けてもらえば、今度は自分が放つ幸せオーラに人が集まってきてくれます。

　幸せな人のそばにいることで自分も幸せを呼び、人も呼ぶ。アムステルダムの狭い隠れ家で、ひしめきあうように人と暮らし必死に生きた、15歳のアンネに学ぶ、幸せな人の治癒効果でした。

No.52

「一見無駄に思えるような時間が
　人の記憶には残るの」

At first glance, it looks like wasting your time,
but actually the trivial thing is very important.

河瀬直美 *Naomi Kawase*

映画監督（1969年−）
奈良県出身・在住。第50回カンヌ国
際映画祭 カメラ・ドール（新人監督
賞）『萌の朱雀』、第60回カンヌ国際
映画祭 グランプリ『殯の森』、第44
回日本アカデミー賞 優秀監督賞『朝
が来る』ほか受賞。

香り、表情、そこにあった空気感……
機械を介さないリアルな時間が、
人間らしく、深い記憶につながります。

　現在の実情を、リアリティを持って表現していくことを大切に映画を作る河瀬直美監督。

　18歳ではじめて8ミリカメラを手にして以来、作品を通じて追い求めてきたのは、「リアルである」こと。役者が演じる人物の背景まで作りこむそうです。たとえば、久しぶりに訪れる設定の場所には、あらかじめ足を運んでもらうことで、久しぶりの演技に嘘がなくなる "リアルさ" を作りだしているのです。

　オンラインなどでコミュニケーションの可能性が広がった今、会うことも出かけることもないままに、瞬時に世界とつながれます。でも監督は「出向いて、食事をしてじっくり話すことは大切」としています。
「そういう一見無駄に思えるような時間が人の記憶に残る」のだと。

　一緒に食べたもの、香り、音、ちょっとした表情……そんな記憶も人の関係を作りあげる下支え。ほんの些細なことが、映画でも人間関係でも、人の琴線にふれ、心を揺り動かす刺激になってくれるものです。

No.53

「小さくても
実際の行動のほうが、
大きな約束より
価値があるものよ」

An ounce of performance is worth pounds of promises.

メイ・ウエスト *Mae West*

女優、作家（1893年-1980年）
アメリカ映画協会の映画スターベスト
100の15位。チャップリンに「女か
ら男を奪う女性」と言わしめる色気を
もつ。ビートルズの名盤『サージェン
ト・ペパーズ・ロンリー・ハーツ・ク
ラブ・バンド』のジャケットにも登場。

人間関係は信頼から。
はなからムリな約束よりも、
誠実な行動を。

　イソップ寓話に「できないことを約束する男」という
お話があります。

　貧しい男が病気になって、いよいよ医者からも見放さ
れたとき、神々に「よくなったときには牛100頭とた
くさんのお供えを差しあげます」と約束をしました。奥
さんが「どうやって用意するの？」と聞くと、「なおり
さえすれば、知ったことじゃない」と話しました。つま
り、「お礼なんかしないよ」と、はなから守るつもりの
ない約束をしたわけです。

　ここにあるのは、「実現不可能なことほど安易に口に
してしまう」という心理。現実的なことを言うほうが、
それを守らなかったときの罪悪感が残るんですね。〝口
先だけの牛100頭〟よりも、本当に連れてくる牛1頭の
ほうが、ずっと価値があります。

　メイ・ウエストは、派手でセックスシンボルとされた
芸能生活とは裏腹に、私生活は堅実でした。メイだった
ら、何よりも「できないことを約束する男なんて、とっ
とと別れたほうがいいわ！」と言いそうです。

Chapter

6

疲れちゃった
ときに

For when you get tired

No.54

「人生とは、
　何かを計画しているときに
　起きてしまう、
　別の出来事のこと」

Life is what happens to you
while you are making other plans.

シリア・ハンター *Celia M. Hunter*

自然保護活動家（1919年‐2001年）
女性パイロットとして活躍中、自ら
訪れたアラスカの大自然に魅入られ、
ロッジのキャンプ・デナリを建設。写
真家・星野道夫氏らとも親交があった。
北極圏での核実験計画を阻止するなど、
自然保護運動の先駆者的存在。

計画どおりに進まなくても、
きっと別の出来事がおこっているはず。
あとは、ソレと気づくだけです。

　シリアは、猛吹雪の中を27日かけて、やっとの思いでアラスカのフェアバンクスに到着しました。その飛行が、彼女の人生を大きく変えたのです。

　じつは、当時の女性パイロットは飛行区間が限られ、アラスカまで飛べませんでした。でも、「男の同僚が話すその地をこの目で見たい」という一心で、アラスカまでの軍機輸送飛行機に同乗させてもらったのです。

　そのとき目にしたアラスカの大自然に魅せられ、彼女はデナリ山麓にロッジを建てて暮らしはじめます。キャンプ・デナリとして知られるそのロッジは、さまざまな人々が出会う貴重な場所になり、そこでシリアは日本人写真家の星野道夫氏らとも交流しました。そして自然保護運動の先頭に立ち、乱開発や核実験場計画から自然を守ることに貢献していくのです。

「同僚が話す風景が見たい」という好奇心が、思いがけず彼女を自然保護活動に導きました。計画とは別の出来事で進んでいくのが人生。自分の中での万策尽きても……ほら、思いがけない出来事が明るい来来へと導いてくれていますよ。

№ 55

「元気を出しなさい。
今日の失敗ではなく、
明日訪れるかもしれない
成功について考えるのです」

Be of good cheer.
Do not think of today's failures,
but of the success that may come tomorrow.

ヘレン・ケラー *Helen Keller*

教育家、社会福祉事業家
（1880年－1968年）
2歳のときに高熱により視力・聴力を
失い、話すこともできなくなったが、
グラハム・ベルの紹介で家庭教師アン・サリバンと出会い、話せるように
なった。戯曲『奇跡の人』のモデルと
なった人物。

プラス思考のきっかけをつかめば
気持ちも晴れやかに。

　雪だるまをつくるとき、最初は小さな雪の塊を手の平で固めて、転がすうちにどんどん先にある雪がついて大きな塊になっていきます。

　それと同じで、ひとつの失敗をくよくよ考えだすと、どんどん大きなマイナスの塊ができてしまいます。

　そう、夜中に思いだしたたったひとつのイヤな出来事で、次から次へとイヤな思考に陥っていく "あの状態"ですね。

　だから、失敗は学びだと考えてみるんです。まずはそこから何を学んだかを考えてみて、あとは学んだことから「こうしたら、次はうまくいくんじゃないかな」といった方向に、考えを転がしてみましょう。

　明日訪れるかもしれない成功を考えると、ワクワクしてきませんか？　このワクワク感が、また次の「うまくいく」をたぐり寄せてくれるはず。

　ヘレンも言っています「元気を出しなさい」と。

　まずは、元気を出すこと。そこからはじまります。

№.56

「すべての規則に従ってたら、
楽しみなんて
何ひとつなくなるわ」

If you obey all the rules, you miss all the fun.

キャサリン・ヘップバーン *Katharine Hepburn*

女優（1907年－2003年）
飾り気のないスタイルと個性的な魅力、
その演技力で万人から愛された演技派
女優。アカデミー賞主演女優賞受賞４
回という最多記録をもつ。ノミネート
数も12回で歴代２位。

たまには、自分の規則を
ゆるめてみよう。規則にだって
例外はつきもの、くらいにね。

ある少年が、油が2滴入ったスプーンをもって宮殿を歩いて回ってくるように言われました。少年は言われたとおりにスプーンの油をこぼさないことだけを考えて、部屋を回って戻ってきました。そして次に、宮殿を眺めながら歩くように言われると、今度は天井や壁のすばらしい芸術品に気づいて楽しみました。でも、今度は油がなくなっていました――。

これは『アルケミスト』（角川文庫）の中のお話の一節です。

「幸福の秘密とは、世界のすべてのすばらしさを味わうこと」。そのうえで「スプーンの油のことを忘れないこと」だと賢者からの教えを受けて、少年は、自分が小さなことに気をとられすぎて、まわりに目を向けられなかったと気づきます。規則どおりのことだけにとらわれていたら、絵なんて楽しむ余裕はありませんよね。

キャサリンも言うように、ときには少しくらい油をこぼしたっていい、くらいに自分をゆるめてあげなくちゃ。ただし、油が全部なくならない程度に、ですよ。

№.57

「人生、楽しまなくちゃ!」

Live a little!

映画『ショコラ』より

ジョニー・デップとジュリエット・ビノシュ主演の映画『ショコラ』から。一人ひとりの希望にピタリと合うチョコレートと不思議な力で村人を惹きつけていくフランス片田舎のチョコレート屋さんのお話。

心がガチガチなときには
「たまにはいいさ」と、
今日は、もうゆっくり過ごしちゃえば?

映画『ショコラ』でのお話です。厳格な家庭で育てられた男の子がチョコレート屋さんに来たのに、ママに言われたからとチョコレートを食べようとしません。そこで、おばあちゃんが男の子に「チョコレートケーキはとってもおいしいものだから食べなさい」とうながして、こう言うんです。

Live a little! (人生、楽しまなくちゃ!)

「はじめに」で言ったように、Live a little をそのまま訳したら「ちょっとだけ生きる」。そこから転じて、使われるときには「たまにはハメをはずそう」とか「楽しもう」といったニュアンスに。でも「ちょっとだけ生きる」も、いい響きの言葉ですよね。

そして、おばあちゃんにこう言われた男の子は、おいしいチョコレートケーキをほおばります。おかげで、ガチガチに堅かった男の子の気持ちも少しずつ溶けていきます……。

Live a little. ちょっとだけ生きる。たまにはいいさ。

疲れちゃったときに、甘やかす言葉として。

№.58

「自分くらいは、
　自分を信じてあげないと」

To be yourself, believe in who you are.

小林愛実 *Aimi Kobayashi*

ピアニスト（1995年-）
3歳からピアノを始め、7歳でオーケストラと共演、9歳で国際デビューを果たした。若手ピアニストの登竜門2015ショパン国際ピアノコンクール・ファイナリスト、2021年同コンクール第4位。

自分を信じてあげること。
心が折れそうなときに
なによりも大切にしたいこと。

　小林愛実さんは、149センチという小柄な体から、表現豊かに技巧に長けたピアノを奏でるピアニストです。

　3歳からピアノを始め7歳でオーケストラと共演、9歳で国際デビューを果たすと、以降ニューヨークのカーネギーホールに4度出演し、国内外の多数のオーケストラと共演するなど世界的な活躍を続けてきました。

　天才肌ですべてが順風満帆に見え、まわりからのサポートも手厚い中で、本当に自分がピアノを弾きたいのか迷った時期もあったそうです。環境を変えようとアメリカに留学した頃、母親に「ピアノをやめてもいいんだよ」と言われたことで吹っ切れて、20歳でショパン国際ピアノコンクールのファイナリスト、2021年には4位に輝きました。

　舞台に立つ前の心持ちは……「自分の一番の味方は自分、自分くらいは自分を信じてあげないといけない。あとは、その瞬間を楽しもうというだけ」

　自分の芯をしっかり築きあげておけば、迷う時でも積み上げてきた自分で大丈夫だと、心を支えられるんです。

No.59

「自分を心から愛して、
　自分を尊重して、
　大切にする時間は重要よ」

I've learned to take time for myself and
to treat myself with a great deal of love
and a great deal of respect.

ウーピー・ゴールドバーグ *Whoopi Goldberg*

女優（1955年 - ）
『カラーパープル』の主役で映画デ
ビューし、『ゴースト／ニューヨーク
の幻』でアカデミー賞助演女優賞を受
賞。『天使にラブ・ソングを…』シリー
ズで主役をつとめ、女性初のアカデ
ミー賞授賞式の司会に抜擢された。

心と体は時々メンテナンスが必要。
自分のための時間をつくろう!

　気がつくと、自分の体のメンテナンスは後まわしにしていませんか?　ほうっておくと、体にはさまざまな老廃物がたまるもの。

　汗、涙、グチ……すべては老廃物なので、時にはまとまった時間をとって、エステに行ったりスポーツしたり、余分なものは体から出したほうがいいんです。生きていれば、イヤなことはたくさんおこります。ほんの些細なことで相手を傷つけたり、傷つけられたり。言ってしまったひとことに、言わなければよかったと悩んで自分を責めたり、相手の言葉を深読みして、どうしてこんなことを言われるんだろうと考えたり……。老廃物をためこんだ体はマイナス思考の原因に。

　たまにはゆっくりとお風呂に入ったりして汗を流して、悔しければとにかく泣いて、吐きだしたいことは友達にでも吐きだして。

　いつも忙しい自分をいたわってあげたら、最後はウーピーのようなユーモアで笑うこと。
「私は私を大好きなの……だってほら、私ってクールじゃない?」

No.60

「今からだって、 なりたかった自分に なれるわ」

It is never too late to become
what you might have been.

ジョージ・エリオット *George Eliot*

作家（1819年‐1880年）
イギリスのビクトリア朝時代の女流作家。男性名で執筆したが本名はメアリー・アン・エバンス。代表作に『サイラス・マーナー』『ミドルマーチ』など。写実的で鋭い心理描写が特徴。

心の底から夢見れば、
きっと願いはかなうと信じて。
願い＋行動する＝かなう。
まずは自分が望むことから。

　女性としての仕事を認めてもらいにくかった時代に、
男性名で作家として活躍したジョージ・エリオットの本
当の名前は、メアリー。男性名を使ったもうひとつの理
由は、プライベートを詮索されることなく自由に書きた
かったから。男性名を借りることで、自由になりたかっ
た自分の夢をかなえたのかもしれません——。

　そういえば、だれもが知る『星に願いを』という歌が
ありますが、じつはこんな歌詞だったんです。

When you wish upon a star,

Makes no difference who you are,

Anything your heart desires,

Will come to you.

星に願いをかけたなら

だれでも夢はかなうもの

心が望めばどんなことでも

きっと願いはかなうでしょう——

心が折れそうなときのおまじないとして。

No.61

「人生ってどこか
　オセロゲームにも似て、
　お先真っ暗だった局面が、
　前触れもなくパタンパタンと
　ひっくり返り、
　目の前が開けるような瞬間があるの」

Life is like an Othello game.
There are times when everything looks black and then,
without warning,
little by little the landscape changes
so everything you see is white.

大楠道代 *Michiyo Okusu*

女優（1946年−）
日本のファッションブランドの先がけ
「ビギ」の代表大楠祐二と結婚し、芸名も
大楠道代に改名。映画『ツィゴイネルワ
イゼン』で日本アカデミー賞最優秀助演
女優賞受賞。

たった一手で大逆転だって
ありうるのが人生。
自分の思うとおりに、
出会った局面を生きてみよう。

「人生はゲームにも似て、大逆転があるからおもしろい」

　大楠道代さんは女優として活躍していますが、一度は専業主婦になって家庭に入った経験をもちます。結婚という「降ってわいた」チャンスを素直に受けとり、オセロのコマが全部パタンとひっくり返ったのです。

　そしてやったこともない料理をしてみたら……これが案外おもしろくてハマり、どっぷりと主婦業に専念してしまうのです。

　ところが、もう一度オセロの面がパタンとひっくり返り、女優に復帰を果たしました。

「目の前に分かれ道があったとしたら、安全な道に逃げこむのではなく、自分の魂が振れる方向に歩いていってほしいと思う」と大楠さんは言います。

　自分の本能に従って、自分の心の声に耳を傾けていくうちに、進むべき方向がわかってくるものです。

　その道を進んだのなら、何がおころうが、後悔はしないはず。

No.62

「幸せっていうのは、
　境遇じゃなくて、
　心のもち方しだいなの」

The greatest part of happiness depends on our
disposition,
not our circumstances.

マーサ・ワシントン *Martha Washington*

米国初代ファーストレディ
（1731年－1802年）
初代米国大統領ジョージ・ワシントン
の妻。農園での穏やかな生活を望みな
がらも、2期の任期中は国の正式な女
性代表者としてつとめを果たした。

小さな「幸福感」に
満たされたときを思いだしてみよう。

　豪華なステーキがありました。Ａさんは、お金持ちだから毎日おいしいものを食べて、もう飽き飽き。ある日Ａさんは「おにぎりが食べたいなあ」と思って普通のおにぎりを食べたら幸せな気持ちになり、満足でした。

　まわりから見れば、お金があっておいしいステーキを食べられてうらやましい限りです。でも、自分が満足しなければ幸せじゃありません。むしろ普通のおにぎりでも、自分が満たされれば幸せです。

　つまり、世の中の基準がどうあっても、結局はその人が満たされることが大切なんですね。

　マーサ・ワシントンは、アメリカ初代大統領ジョージ・ワシントンの奥さんだった人物。でも、彼女にとっては名声のあるファーストレディであるよりも、じつは農園を切り盛りするほうがよかったんだそうです。

　だけど心を切り替えて、任期中は大統領夫人としての幸せを模索しました。だって、幸せっていうのは境遇ではなくて、心のもち方しだいなんですから。

№.63

「おこったことには、
　すべて理由があると思うの。
　それがなぜおこったかの
　理由を見つけることが大切」

I believe that everything happens for a reason,
but I think it's important to seek out the reason.

ドリュー・バリモア *Drew B. Barrymore*

女優（1975年−）
『E.T.』の天才子役として注目され、
『チャーリーズ・エンジェル』シリーズ
や『ラブソングができるまで』などに
出演。『グレイ・ガーデンズ 追憶の館』
でゴールデングローブ賞主演女優賞
受賞。

こんがらがった毛糸も
必ずほどけます。
おこった理由を考えてみると、
きっと解決の糸口が。

　猫に毛糸の玉をあげると……遊びはじめて、あっという間にこんがらがっていきます。傍から見ていれば「そりゃそうなるよ」と一目瞭然。

　人の因縁というのも、そんなもので、本人だけが気づかずに戯れに絡ませてしまうことも多いものです。

　ドリューは生後11カ月でCMに出演し、7歳のときには世界的に大ヒットした映画『E.T.』で天才子役としてその名を知られることになりました。それがいじめを受けるきっかけになって飲酒、喫煙、ドラッグ、自殺未遂を繰り返しました。自分の自堕落は母親のせいだと考え、15歳のときに母親からの独立を裁判で訴えて成人として認められます。独立したドリューは、アルバイトで生活しながらオーディションを受け、再び作品に恵まれはじめ、母親とも和解。『チャーリーズ・エンジェル』で再ブレイクを果たしました。

　本当ならスター街道まっしぐらだったのが、どこかで糸がこんがらがり……でも、自分でおこったことの理由と解決の糸口を見つけたんですね。

№.64

「明日は明日の風が吹く」

Tomorrow is another day.

マーガレット・ミッチェル *Margaret Mitchell*

作家（1900年-1949年）
交通事故で外にでられない時期に書き
あげた南北戦争時代の一大叙事詩『風
と共に去りぬ』が、当時は聖書を超え
る世界的な大ベストセラーに。「明日
は明日の風が吹く」は今も語られる名
セリフとなっている。

何があっても、明日はまた新たな風が吹きこみます。きっと今日のイヤな出来事を、吹き飛ばしてくれますよ。

　このセリフは、映画の最後に主人公のスカーレット・オハラが生きる力を振り絞って言うものです。

　裕福な家庭で何不自由なく育ったスカーレットは、戦争で何もかもなくし、家族や使用人の飢えの心配をしながら綿花畑を切り盛りし、成功を収めるまでになりました。ところがこの間に両親を亡くし、子どもを失い、そして子どものころから恋するアシュレーと夫レット・バトラーの間を揺れ動くことで、夫は「俺の知ったこっちゃない」と彼女のもとを去っていきます。

　これは、スカーレットがすべてをなくして泣き崩れる中で、ふと、ふっきれたように顔をあげてつぶやくセリフです。

「何があっても、明日は明日の風が吹く」

　先が見えなくてめげようが、結局スカーレットは生きていかねばなりません。気持ちが折れそうなときのために、力がでないときに自分をはげましたスカーレットの言葉を胸に──明日は、きっと違う風が吹くんです。

No.65

「ひとりの時間に自分を取り戻すの。
　キャリアは公の場で生まれ、
　才能は私生活から生まれるものだから」

I restore myself when I'm alone.
A career is born in public, talent in privacy.

マリリン・モンロー *Marilyn Monroe*

女優（1926年－1962年）
映画『ナイアガラ』でヒップを振って
歩くモンロー・ウォークで注目を集め、
『紳士は金髪がお好き』『百万長者と結
婚する方法』『七年目の浮気』が大ヒッ
トして一躍トップスターとなった。

ときには、ひとりでゆっくり
時間を過ごしてとがった神経を休ませて。
仕事ばかり、人の世話ばかりでは、
自分の魅力が引きだせなくなりますよ。

マリリン・モンローといえば、ジョン・F・ケネディ大統領（当時）と浮き名を流し、最後は謎の死を遂げた、ハリウッドのセクシー女優。有名なのは、映画『七年目の浮気』で地下鉄の通気口に立ち白いスカートがフワリと浮き上るシーン、それから「モンロー・ウォーク」という歩き方です。

映画『ナイアガラ』では、ヒップを振ってハイヒールで歩く姿が大変な話題になりました。

じつは、そこには彼女ならではの努力と天性のカンがあったのです。一説では彼女は片方のハイヒールを削って左右のヒールの高さを変えることで、自然とヒップが振れるようにしたと言われています。しかもこの映画、当時は最長と言われた歩くだけのシーンも登場し、映画史に残る作品となりました。

自分の魅力と存在を存分にアピールするカンにも優れたマリリン。その才能も力も、自分の時間を大切にする中から生まれてきたわけですね。

№.66

「今日は、
　今までしなかったことを
　しましょうよ」

We can spend a whole day doing things
we've never done before.

映画 『ティファニーで朝食を』より

トルーマン・カポーティの同名小説の
映画化作品。ティファニーに憧れる、
自由奔放なコールガールのホリーに、
青年作家ポールが恋をする物語。オー
ドリー・ヘップバーンが主役を演じ
歌った『ムーン・リバー』は今も定番
の名曲。

今日ははじめてのことをしよう! たとえば、乗ったことがない バスに乗ってみる──そんな些細なこと。

映画『ティファニーで朝食を』は、オードリー・ヘップバーンが気ままな女性ホリーを演じ、黒いドレスに髪を結い、長いキセルをもつ写真が有名。

このセリフは、一作書いたきりでヒモ生活を送っていた作家ポールがホリーを題材に執筆、その作品が出版社に採用されて、お祝いするシーンから。ちょっと贅沢をして「朝食前のシャンパンははじめてだ」という言葉から、ホリーがこんなことを思いつくんです。

「今日は、今までしなかったことをしましょうよ」

ホリーは、外から眺めていただけのティファニーの店に入り「ここに不幸なんてないでしょ」と、そこにある幸福感に満たされ、今まで入れずにいた図書館にも入館。一方で、ポールは10セントショップに行ってみたり……と、たわいもないことでデートを楽しみます。

「今までしなかったことをする」なら何をしましょう? 考えてみるだけでも気持ちが切り替わりそうです。そして、思いきってやってみたら、よかったと思えるかもしれませんよ。

Chapter

7

きれいとオシャレ
のコツ

Tips for beauty and fashion

No.67

「サボれば、サビる」

If you rest, you rust.

ヘレン・ヘイズ *Helen Hayes*

女優（1900年-1993年）
5歳で初舞台を踏み、9歳でブロード
ウェイに進出。以降、〝ブロードウェ
イのファーストレディ〟と称され、劇
壇で愛され続けた。映画『マデロンの
悲劇』でアカデミー賞主演女優賞を受
賞。

サビつかせる前に、
日々のお手入れを。毎日少し磨くだけで、やがて輝きを増すように！

　ダンスは、1日休むと体を戻すのに3日かかり、2日休めば1週間かかると言われます。体がかたくなったり、カンを戻すのに時間がかかったりするからですね。ミュージカル出身のヘレンは、これを身をもって知っていました。

　グラマラスなゴージャスさを求められるアメリカのミュージカルスターでありながら、ヘレンの身長はたった155センチほど。日本のアイドルのような明るい瞳と愛嬌のある表情だけで、ゴージャスなスターの中で太刀打ちできる雰囲気ではありません。ところが彼女は、役に応じて強く、重厚で、華やかなオーラを放つことができたため、アメリカの劇場の3大スターに数えられるまでになりました。

　技術も能力も美貌も保つためには、あらゆる努力をし続けることが必要です。お手入れを怠れば容姿はあっという間に劣化しますし、仕事だって運動だって、サボったぶん、カンを戻すのは大変。

　サボれば、サビる。でも、お手入れさえすれば、輝きは増すんです。

No.68

「手に入れたいものに
　ふさわしい服装さえしていれば、
　人生で欲しいものは
　なんでも手にすることが
　できるわ」

You can have anything you want in life if you
dress for it.

イデス・ヘッド *Edith Head*

衣装デザイナー（1897年 - 1981年）
映画衣装にシンプルなデザインをもち
こんだ衣装デザインの第一人者。代表
作に『ローマの休日』『麗しのサブリ
ナ』『明日に向かって撃て！』『スティ
ング』など。アカデミー賞衣装デザイ
ン賞8回受賞。

自分らしさを引きだしながら、
その場にふさわしい服装を。
それだけでも、自分に自信がもてるはず。

映画『ローマの休日』でオードリー・ヘップバーンがベスパでローマの街を走り抜けるシーンは、映画史に残る名場面。首に巻いたスカーフがオシャレ感を醸しています……が、じつはこのスカーフ、オードリーの鎖骨を隠すための苦肉の策だったのです。

当時、豪華絢爛な衣装が多かったハリウッド映画に、イデスはシンプルで美しいデザインをもちこみ、女優のスタイルの弱点をカバーする手腕が広く知られるようになりました。

当時の人気女優らは「撮影終了後にイデスがデザインした衣装をもらえること」を契約条件に加える者も多かったそうです。

女優からモナコ王妃になったグレース・ケリーの衣装も手掛け、ハネムーンに出かける際のグレースはイデスがデザインしたスーツと長手袋を身に着けました。エリザベス・テイラーは彼女のデザインで「はじめてスタイルの弱点を補えた」と喜んだといいます。

自分らしさと美を育む服装は人を引きたて、自信すら生みだすんですね。

No.69

「セクシーさって、
　見せないほど効果的。
　隠すことで、より想像を
　かきたてるものなのよ」

My idea of sexy is that less is more.
The less you reveal the more people can wonder.

エマ・ワトソン *Emma Watson*

女優（1990年-）
映画『ハリー・ポッター』シリーズ
のハーマイオニー役として11歳でデ
ビューし、数々の賞を受賞。大学に通
いながら、シャネルのココ・マドモア
ゼルやランコムなどのイメージキャラ
クターもつとめる。

大人の色気の演出には、
想像力をかきたてさせるひと工夫を。

『ハリー・ポッターと賢者の石』でデビューした幼かったエマは、今や同世代のファッションアイコンとして人気を博す存在です。

シャネルは彼女をココ・マドモアゼルの広告塔に、今までケイト・ウィンスレットなどトップ女優が広告塔をつとめたランコムも「かわいらしさやセンスで同世代に新風を吹きこむ存在」として、エマをキャラクターに起用しました。

ファッションアイコンとしても注目を集め、大人の女性に成長していったエマは、セクシーさについてこう語りました。

「見えないほど、人は想像力をかきたてられるでしょう？　露出しないほど、よりセクシーなのよ」

これが胸、これがヒップ……とむやみに露出、強調するのではなく、かすかに浮かぶシルエットやチラリと見える脚、ほんのり香る残り香に、人はそそられます。それが大人の色気の醸しだし方のひとつなんですね。

No.70

「20歳の顔は、
　自然の贈り物。
　50歳の顔は、
　あなたの功績」

Nature gives you the face you have at 20;
it is up to you to merit the face you have at 50.

ココ・シャネル *Coco Chanel*

ファッションデザイナー
（1883年－1971年）
帽子アトリエの成功でファッションデ
ザイナーへ。窮屈さから女性を解放す
る「シャネルスーツ」を生みだす。一
時は退いたデザイン界に復帰するも不
評を買うが、渡米し再度成功を収める。

眉間の皺より、
笑顔や思慮深い皺を刻んでいこう。
50歳になったときに、
自信のもてる顔になれる生き方を。

年を重ねてきた人たちは、さまざまな皺を刻んでいます。笑って楽しかった皺、眉間に寄せた悩み深い皺、思いやりや思慮深さ、あるいは大きな仕事を成し遂げてきた成果……もちろん、思慮不足からも皺は生まれます。

パツンとしたハリはないものの、その一つひとつの皺ににじみでるものが、その人の生きてきた功績です。

どの皺も同じではなく、それが円熟味として美しく映えるときには、醜い老いにはなりません。表情には、自信が、そのまま表れてくるわけです。

年を重ねるほどに、それは顕著に表れます。

映画『ココ・シャネル』で主演のシャーリー・マクレーンは、シャネルと自身の功績や人生を重ねあわせて演じきり、その皺には自信が刻まれていました。

私たちも50歳になったときに、自分がつくりあげてきた顔に自信がもてますように。

No.71

「醜い女性なんて
　ひとりもいないわ。
　ただ、怠慢な人が
　いるだけよ」

There are no ugly women, only lazy ones.

ヘレナ・ルビンスタイン *Helena Rubinstein*

実業家（1870年−1965年）
1902年メルボルンに世界初のビューティ・サロンを開き、ロンドン、パリ、ニューヨークにも出店。化粧品の製造と卸売業に進出した。日本でもマスカラが大ヒットするなど、人気ブランドのひとつ。

鏡の前でチェックしよう。
手さえ抜かなければ、
美しくなれるんだってことを忘れずに。

　ヘレナ・ルビンスタインは、第一次世界大戦の最中、ニューヨークに今でいうビューティ・サロンを開いた美容業界の先駆者でした。戦争中の余裕のない時代に、そんな事業が成功するとは到底思えないのに……全米に店舗を構えるまでになります。ヘレナは〝どんなときでも、女性というのは美しくありたいもの〟という女性心理を読み解いたわけです。

「醜い女性なんてひとりもいないわ。ただ、怠慢な人がいるだけよ」の言葉とともにオシャレ心をくすぐり続け、一度は手放したビジネスを買い戻します。

　そして、五番街のサロンにはジョアン・ミロが手掛けたラグを敷き、パウダー・コンパクトはサルバドール・ダリのデザイン。サイエンス、ファッション、アート、インテリアなど、あらゆる分野の境界をなくして美容に取り入れました。すべては女性に、美しくあることを怠けさせないために。

　だって、醜い女性なんてひとりもいないんですから。

No.72

「きれいな脚でいたければ、
　男たちの目に脚をさらしなさい」

If you want to keep them beautiful,
you should expose your legs to men's eyes.

マレーネ・ディートリッヒ *Marlene Dietrich*

女優（1901年－1992年）
美貌とセクシーな歌声、脚線美で国際的な名声を獲得。『モロッコ』でハリウッドデビューし、アカデミー賞主演女優賞にノミネート。作家アーネスト・ヘミングウェイと生涯を通じて親友だった。

見られることは、
どんな美容液よりもずっと効果的。
人の視線を受けることで、自意識が高まっ
て引き締まるんですね。

　マレーネ・ディートリッヒのその美しい脚は「100万ドルの脚線美」と言われたそうです。

　ミニスカートに〝裸足〟で砂漠を歩く姿が描かれた映画『モロッコ』が印象的でした。

「マレーネはもともとは美人ではなかった」と当時撮影を担当したカメラマンは証言をし、マレーネ自身もそれをよくわかっていたといいます。

　だから、ひとたび撮影に入ると、体にぴったりのドレス、メイク、光と影、それから風までも計算に入れて自分をつくりあげ、最上級の美人に見せる工夫をしていたそうです。視線を意識するからこそ緊張感が保たれ、磨きあげられていきました。

　自信があるから見せる脚でもあり、きれいでありたいからこそ、男たちの前にさらす脚でもあったのです。

　ジャン・コクトーは「あなたの美しさは、詩そのものです」と書き残しました。見せることで賛辞を受け、ますます彼女は美しくなっていったのです。

No.73

「量ではなく、
　質を大切に」

Quality, but quantity.

ヴィヴィアン・ウエストウッド *Vivienne Westwood*

ファッションデザイナー（1941年–）
1971年マルコム・マクラーレンと共
にロンドンでブティックをオープンし
たのち、パンクロックバンド「セックス
ピストルズ」をプロデュースし、一世
を風靡。1992年には大英帝国勲章を
授与された。

ひとつの服や物を大切に使うために、丁寧に吟味して心惹かれた物を買う心がけを。

ヴィヴィアン・ウエストウッドのブランドマークは、伝統的な宝珠と、未来を表す衛星をあわせ「伝統と未来の融合による新たな発見」を意味しているそうです。

ロンドンでパンクスタイルのアイテムを販売していたヴィヴィアンは、セックスピストルズのプロデュースを手掛けて「パンクの女王」と呼ばれ、世界のファッション業界に確固たる地位を築いていきました。

でも実は、小学校でアートを教えた時期もあり、「本を読みなさい」「知的であるとは、自分で考えられること」など、地に足の着いた考えも持ち合わせています。

ファッションに関しても、斬新なデザインと堅実な考えという、両面の姿勢がみられます。

「量ではなくて、質を大切に。買う量を減らし、しっかり選び、永く使うんです。誰もが、あまりにたくさんの服を買いすぎます」

たくさんの服を見ながら「着るものがない」と悩む前に、本当に着たい服を丁寧に選び、永く大切にしたいものです。

№.74

「年を取るのは悲しいけれど、 円熟していくのはすばらしいわ」

It is sad to grow old, but nice to ripen.

ブリジット・バルドー *Brigitte Bardot*

女優、歌手（1934年-）
女優として映画『素直な悪女』でセックスシンボルとして有名になり、セルジュ・ゲンスブールのサポートで歌手としても活躍した。今でも色あせないファッションやスタイルで人気。

ワインも人も、
円熟していくのはすばらしいこと。
今も色あせないBBのように、
美しく芳醇でいよう!

　年を重ねるというのは、外見も中身も経験を重ねて成長していくことです。時にはネガティブなイメージも付きまといます。

　でも、〝円熟〟というのは、人柄も知識も培った技術も、すべてが十分に成長して豊かな〝内容〟をもつこと。日本に比べて欧米では、年を重ねるのはワインと一緒ですばらしいとされることも多いものです。

　ブリジット・バルドー（BB=bébé）は、今の時代に見ても色あせないファッションやルックスのアイコンとして、アンジェリーナ・ジョリーやブリトニー・スピアーズなどの人気アーティストも意識して真似る存在。

　あるときにフッと事実上芸能生活を引退してしまったため、美しい肢体しか人々のイメージには残っていません。美しい印象を後世に強く残した人でもありました。

　悲しい年の取り方ではなく、BBのような素敵な円熟・成熟を目指して日々を過ごしましょう。

No.75

「美しい瞳であるためには、
他人の美点を探すこと。
美しい唇であるためには、
美しい言葉を使うこと」

For beautiful eyes, look for the good in others;
for beautiful lips, speak only words of
kindness.

オードリー・ヘップバーン *Audrey Hepburn*

女優（1929年－1993年）
『ローマの休日』でアカデミー賞主演女
優賞を受賞。『ティファニーで朝食を』
など人気作に主演。スピルバーグ監督
作品『オールウェイズ』を最後に女優
業を引退し、ユニセフ親善大使に就任
した。

176

マイナス思考は美容の敵。
美しくあるためには、
心をスッキリ美しく。

心と体は、ふたつでひとつ。心は体をつくり、体は心を育みます。体は正直で、何かイヤなことがあればすぐに反応します。「病は気から」という言葉は、昔の人が実体験からえた教訓だと身をもってわかりますよね。

ぐるぐると体の中をめぐる思いは、よくも悪くも、そのとおりの結果を体に反射させ、体は繊細に反応し、それがまた気持ちをつくります。

体を美しく保つには、心を美しく保つことが一番。『「原因」と「結果」の法則』（サンマーク出版）にこうあります。

「悪意、羨望、怒り、不安、失望は、肉体から健康と美しさを奪い去ります。憂鬱な顔は偶然の産物ではありません。それは憂鬱な心によりつくられます。醜い皺は、愚かな思い、理性を欠いた思い、高慢な思いにより刻まれます」

オードリー・ヘップバーンは、晩年はユニセフの親善大使としても活躍し、年をとっても清らかさとやさしいオーラを放っていました。

体の中をめぐる思いの浄化から、美は生まれます。

№.76

「〝美〟とは、
あなたの内面で感じたことが
目に映しだされるもの」

Beauty is how you feel inside,
and it reflects in your eyes.

ソフィア・ローレン *Sophia Loren*

女優（1934年－）
イタリアを代表する女優。国際的ス
ターへのきっかけとなった『島の女』
で水に濡れて体のラインが浮き立つ
シーンが有名になり、『ふたりの女』で
はアカデミー賞主演女優賞受賞。イタ
リア共和国功労勲章受章。

美しいものをたくさん見て、
ワクワクするような経験をすれば
その輝きは、外見ににじみでる!

　古代ギリシャのことわざに、こんなものがあります。

　Beauty is in the eye of the beholder.(〝美〟は見る人の目に映しだされるもの)

　ソフィアも、目から対象物をとらえ、自分の内面というフィルターをとおして、美しいと感じるものが、〝美〟であると言いました。

　赤く空を染める夕日や青い海をながめ、素敵な音楽を聞いて、目を奪われるような絵を見て、心動かされる本を読み、尊敬できる人に出会う……。

　あらゆる経験がその人を創りあげます。そうして積み重ねた経験が、自分ならではの美に対する感性を育むのです。

　ソフィアのゴージャスで美しい瞳。

　その輝きの理由は、美しいものを見て感じてきたからこそ。自分の美意識を磨きあげることから、外見の美が創りあげられます。

No.77

「あなたのカラダは、
　あなたが選んで食べたもので
　できています」

Your body is made up of the foods
you have chosen to eat.

西邨マユミ *Mayumi Nishimura*

マクロビオティック・コーチ
（1956年-）
歌手マドンナのパーソナルシェフをつ
とめ、マクロビオティックを世界的に
知らしめた。ゴア元米国副大統領やス
ティングなどさまざまなセレブリティ
に食事を提供している。

食べたもので自分がつくられるなら、自分を美しくつくりあげるものを選んで食べれば、毎食が食べるエステに!

　マドンナのパーソナルシェフの西邨マユミさんは、人生も体も「自分で選んだものでできている」と言います。偏った食事をしていると、偏った体になります。西邨さん自身、体調が悪かったときにこの考えからマクロビをはじめ、10日間ほどで血液が変わった実感を味わったそうです。

　美しさと健康を保つためにマドンナをはじめとするアーティストやセレブに愛されるマクロビとは、日本人が考案した玄米菜食のこと。

　西邨さんの著書『ハッピープチマクロ』(講談社)による標準食は、1)玄米など全粒穀物、2)野菜、3)豆・海藻、4)スープなど。

　体を冷やす果物や、魚介類は少なめに、肉・乳製品はできるだけ避け、精白されていないものを食べる……いきなり全部はできなくても、まずはできることから少しずつ心がけて。

　食べたもので自分はできている。毎食、そんなふうに意識して食事をすれば、人生までも変わりそうです!

Chapter
8

恋愛と結婚の
スパイス

Spice for love and marriage

No.78

「100冊の本を読むより、一回の恋愛」

Falling in love for real is so much more
precious than reading hundreds of books.

瀬戸内寂聴 *Jakucho Setouchi*

僧侶、作家（1922年‐2021年）
30代後半から瀬戸内晴美の筆名で精
力的に執筆して人気作家に。出家し京
都の嵯峨野に寂庵を結ぶ。『花に問え』
で谷崎潤一郎賞受賞、『白道』で芸術選
奨文部大臣賞受賞。文化勲章受章。

本気の恋愛をすれば
人間も人生も豊かに。
五感を研ぎ澄ませて、恋愛を楽しもう。

　たった一回の恋愛で、どれほど気持ちをかきたてられて、どんなにたくさんの経験をして、どこまで深い感情を知ることになるか……。

　100冊の本を読みつくすより、それは遥かにスゴイ経験です。

「夜寝るときに、ふと『カレはどうしてるかなぁ』と思う相手がひとりいてごらん。全然違うんだから。夢が甘くなります」と瀬戸内寂聴さん。

　恋をすることで悩み苦しむこともあるけれど、恋をすることで「相手を思いやる気持ち」が生まれ、「相手に対する想像力」も育まれます。

　まずは恋の五感を研ぎ澄ましてみましょう。

　姿や様子を見て、声を聞いて、相手の匂いを確かめて、体が触れてこそ感じとれるものがあり、他者と空間も時間も共有してはじめて、人生を深く味わうようになれるのです。

「恋をしなさい。本気の恋を」

　身を焦がすような恋愛が人生を豊かにすると、寂聴さんも太鼓判を押します。

No.79

「恋というのは、
　すぐに冷めちゃうから
　温めたり、ゆさぶったりしなくちゃ
　いけないのよ」

Love easily gets cold,
so you have to keep it warm and shake it up.

エディット・ピアフ *Édith Piaf*

歌手（1915年－1963年）
世界的に愛されているシャンソン歌手
のひとり。感傷的な声を伴った痛切な
バラードが多く、自身の悲劇的な生涯
を反映しているのが特徴。代表曲に
『ばら色の人生』『愛の讃歌』など。

どんな恋愛も、
ほったらかしでは冷めていきます。
自分なりの刺激は心がけて。

　とにかく恋多き女性でした。16歳で駆け落ちして出産以来、さまざまな男性がやってきては、去っていきます。長く続かない恋心には刺激が必要でした。

　やがて、ピアフはボクシングの世界チャンピオン、マルセル・セルダンと人生最大の恋に落ちます。妻子ある男性と急速に惹かれあい、ピアフの歌も円熟味を増していきました。

　ところが彼が搭乗していた飛行機が墜落し、まだ思いが熱いうちに彼は突然この世を去り、ピアフはまた、酒やドラッグに溺れる破滅的な生活を送っていきます。『愛の讃歌』は彼の死を悼んだ曲だとされますが、じつは死よりも先に書かれ、妻子ある男との恋に終止符を打つためだったとの説もあります。

　そしてピアフは、20歳年下の夫に看取られて47歳で人生の幕を引きます。夫は、莫大な借金も含めて彼女のすべてを引き受けました。恋というのは、長時間ゆさぶり温めるうちに蒸発もすれば、熱いまま保温されもするのですね。

№.80

「美しく着飾った女性よりも、
  素朴な女性のほうが
  男性をよくわかっているものよ」

Plain women know more about men than beautiful
ones do.

キャサリン・ヘップバーン *Katharine Hepburn*

女優（1907年－2003年）
飾り気のないスタイルと演技力で万人
から愛された演技派女優。アカデミー
賞主演女優賞演技部門でオスカー受賞
4回の最多記録をもち、ノミネート数
12回はメリル・ストリープの17回に
次ぐ記録。

恋愛体質づくりに大切なのは……
自分を磨いて、オシャレであること。
そして何より、相手を思いやれること！

　だれよりも美しく磨かれた女性は羨望の的。でも、い
ざふたを開けてみれば、ただ素朴にかわいい女性がすべ
てをさらっていく……よくある話です。

　その根底にあるのがキャサリンの言う、自然のままに
近く、あまり手を加えられていない「素朴さ」。服装だ
けではなく、漂う人間性や計算のない気づかいなど、内
面的なものまで含めて言っています。けっして美しいこ
とが悪いわけではないものの、飾ることに一生懸命にな
り、いかに自分を引きたてさせるかに精魂を使ってきた、
〝美しい女性〟は、相手を見ることをおろそかにしがちだ
というわけです。

　正統派の美人ではないものの、洗練された印象の女優
キャサリンは、独自のライフ・スタイルを貫き、その飾
らない人柄で世界中から愛されました。

　自分のことをよく見てわかってくれる人というのは、
パートナーとしては欠かせない存在です。キャサリンの
ような飾らない性格と美しさを兼ね備えられたら、最強
の恋愛体質になれそうです。

No.81

「やさしい人を探しなさい。
金持ちかどうかなんて、
気にしないほうがいい」

Look for a sweet person.
Don't worry about wealth.

エスティ・ローダー *Estée Lauder*

実業家（1906年-2004年）
独自の美容哲学に基づき、美容における最新テクノロジーとエレガンスを追求し続け、世界的な事業展開をする化粧品会社エスティ　ローダーの創業メンバーとして経営に参画した。

物質的な面よりも、内面から見ていこう。
何よりも人柄を大切に。

「やさしさ」という人間の本質が、長い間付きあっていくには一番大切だとエスティ・ローダーは言います。

「やさしい」というのは、荷物をもってくれるとか、友達の前でいい人を演じられるとか、自分だけによく振る舞ってくれるといったことではないようです。やさしさとは、心根で他人に対して思いやりがあり、情が細やかであること。本当に困ったときに手を差し伸べてくれ、寛容である、などといったこと。

物質的なものはただの付属品で、その人自身ではありません。確かに働いてえた結果であったり、嗜好が反映されていたり、生まれつきもちあわせるその人の一部ではあります。でも、いざとなったら切り離せるもの。

付属するすべてを削ぎ落として人を見たときに、本当にその人のことを愛せるか、すべてをなげうってでも一緒にいたいと思えるか……ということが問われているのです。そして、同じように自分を見てくれているか。

いつも恋愛対象を肩書や経済力で選び、恋愛がうまくいかない人は、たまには「やさしさ」を基本条件として、恋の相手を探してみては？

No.82

「愛情が大きくなるほど、痛みにも、もっと寛容になれるわ」

The greater your capacity to love,
the greater your capacity to feel the pain.

ジェニファー・アニストン *Jennifer Aniston*

女優（1969年−）
『フレンズ』でブレイクし、エミー賞や
ゴールデングローブ賞を受賞。『ピー
プル』誌で「最も美しい50人」に選ば
れ表紙を飾った。ブラッド・ピットと
離婚後も恋の噂は絶えない。

恋愛の数だけ、強くしなやかになる。
怖がらずに、深く愛して。

世界的なイケメンたちとのロマンスの噂は絶えず、恋愛経験を重ねてきたジェニファーは、恋愛のすべてが自分のためになっていると言います。

「パートナーとの関係が長くなるにつれて、徐々にイヤだなぁと感じられる部分もでてくるわ。でもそういう経験を経て、自分が恋愛に求めるものの的を絞れるようになったの」

恋愛を重ねるごとに、自分の恋愛に必要な内容がわかるようになっていき、妥協できる部分、がまんできないところも具体的になります。こうして数々の恋愛を繰り返してきた彼女が気づいたのが「愛情が大きくなるほどに、自分も寛容になっていく」こと。要するに、相手の欠点やちょっとしたいさかい、相手の浮気心などにも耐えられるようになっていくというのです。

大きな愛情の器をもてるようになれば、それだけ痛みの受け皿も大きくなって、少しくらいではゆらがない関係が築けるようになります。

たくさん恋をして、深く愛することで、自分の器はどんどん大きくなっていくのです。

No.83

「男を魅力的な存在にするのは、実は女の働き、役目なのよ」

Making a man attractive is the female's job.
You need to make an effort.

岡本敏子 *Toshiko Okamoto*

岡本太郎のパートナー、プロデューサー
（1926年 - 2005年）
芸術家の岡本太郎のパートナーであり養
女。実質的な妻でもあった。太郎の死後、
未完成の作品制作の総指揮をとり、岡本
太郎記念館の館長に就任。作品が再評価
されるように働きかけていった。

相手の魅力を引きだすのも、
女の楽しみのひとつです。

　とても不思議な関係でした。芸術家岡本太郎の養女であり、ビジネスパートナーであり、実質的な妻であった女性。太郎氏が結婚を望まなかったとか、遺産相続のためなど諸説語られますが、とにかくふたりは恋仲でした。

　氏が急逝した際に残った未完成の作品は、制作・仕上げすべてに監修として携わり、アトリエ兼自宅を美術館として改装して公開。岡本太郎記念館の館長になり、作品の再評価を働きかけていきました。死後も太郎氏が評価を受け続けたのは彼女の功績。

　そしてもちろん、生前は創作意欲をかきたてさせ、なだめ、叱咤する役目も果たしました。

「素敵な男でなければ女はつまらない。男をそういう魅力的な存在にするのは、実は女の働き、役目なのよ」

　活躍する太郎氏を、彼女はもっともっと好きになっていく。惚れた男性をリスペクトして、とことん応援する生き方も、自分事のようにワクワクして楽しそうですよ！

No.84

「大事な恋愛ならば、
　植木と同様、追肥やら
　雪吊りやらをして、
　手をつくすことが肝腎」

If this is a special relationship, make an effort to
care for it sincerely as you do your plants; with
lots of fertilizer and gentle support.

川上弘美 *Hiromi Kawakami*

作家（1958年－）
『蛇を踏む』で芥川賞受賞。幻想的な世
界と日常が入り交じった描写を得意と
し、作品の織りなす独特の世界観には
女性ファンも多い。主な作品に『溺れ
る』『センセイの鞄』『真鶴』など。

さほどでない恋心なら、
育ててしまう前に立ち枯れさせて。
大切にしたいならば、
心を込め、手をかけて育もう。

　小説『センセイの鞄』の中で、主人公のツキコがセンセイへの気持ちをあきらめようとしてセンセイを避けている場面に登場する、ツキコの亡くなった大叔母さんが言った言葉です。

「育てるから、育つんだよ」「恋情なんて、そんなもんさ」「大事な恋愛ならば、植木と同様、追肥やら雪吊りやらをして、手をつくすことが肝腎。そうでない恋愛ならば、適当に手を抜いて立ち枯れさせることが安心」

（『センセイの鞄』文春文庫）

　恋心は、自分で盛りあげて「育てるから育つ」。適当に手を抜けば、立ち枯れさせることもできるもの。

　ほったらかせば忘れるものに、自分でせっせと水を与えれば、どんどん芽がでて育ってしまいます。逆に、手を抜いてしまえばカサカサに乾いて、花を咲かせずに、いずれ枯れていく。恋愛ってそうやって意識的に栄養をあげ続けて育てたり、ほったらかして枯れさせてしまったり。そんなものですよね。

№.85

「愛し、慈しみ、
敬い、支える」

"Love, comfort honor and keep"(my husband.)

（伝統的な誓約の 「夫に従う」という言葉を省いて）

ウェールズ公妃キャサリン

Catherine, Princess of Wales

ウェールズ公ウィリアム皇太子妃
（1982年-）
大学時代にウィリアム王子（当時）と
知りあい、王子が一目惚れ。旅行先の
ケニアで婚約し、婚約指輪はダイアナ
元妃のものであった。2011年ウェス
トミンスター寺院で式を挙げた。

互いを敬い支えあい
一緒に並んで歩ける関係を築こう。

　私は夫を「愛し、慈しみ、敬い、支える」。

　これは結婚式のときに、イギリスのキャサリン（ケイト）妃が誓約した言葉でした。大学時代から10年という月日を経て、互いを尊重しあう関係をつくりあげてきたふたりは、自分たちで誓いの言葉を決めたそうです。

　伝統的な誓約では、これにもうひとこと入っています。それは「夫に従う（obey）」。エリザベス女王すら「愛し、育み、従う」と誓ってきたのです。

　でも、ふたりはあくまでも対等な関係を尊重し、代わりに互いが、〝敬い〟〝支える〟としたわけです。

　じつは、伝統の型を破った人は以前にもいました。ウィリアム皇太子のお母さん、ダイアナ元妃でした。自分らしさを貫くキャサリン妃には、ウィリアムの母を想起させる面もあったようです。

　自分らしくありながらパートナーを人として尊重する。場面にあわせて向いているほうが舵をとり、敬い支えあう……理想のパートナーのあり方です。

No.86

「わたし、あなたが好きよ、とまっすぐにその人の眼を見て言ってごらんなさい」

I recommend that you say "I really love you,"
while looking straight into his eyes.

宇野千代 *Chiyo Uno*

小説家、実業家（1897年 – 1996年）
『おはん』で野間文芸賞、『幸幅』で女流文学賞、『雨の音』で菊池寛賞受賞。
『生きて行く私』がベストセラーとなる。
文化功労者として表彰され、勲二等受勲。女性実業家の先駆者としても知られる。

今、正直に恋をしなくて
いつするの？

いくつになっても〝艶っぽい人〟っているものです。艶とは、表面にでるしっとりとした光であり、なめらかで張りがあって美しく、味わいがあること。加えて、男女間のことでもあります。

そうした艶が80歳を過ぎようが、100歳になろうが、生きている限りにじみでる人……。

宇野千代さんは仕事にも恋愛にも粋。ご自身が恋多き一生を過ごし、作品にも人生が反映され、登場する人物は最先端を行くモダンさで、その時代にはきわめて鮮烈だったとされています。

そんな女性が指南してくれる作法は、恋愛でも自分の心根に正直に生きること。女性としての色艶を失わない限り恋はできるし、その色艶からだけでも、体中からあふれるように「好き」は伝わりそうです。

でも、やっぱり言葉を尽くしてこそ相手にしっかり伝わります。

「好きと言えないなんて、ケチな根性よ」

「好き」って単純だし、心のままに飾らないのに、艶がある粋な表現ですね。

No.87

「短い人生だもの、
愛する気持ちに
正直にならなくちゃ」

It is important to be honest about your love
because life is not that long......

オノ・ヨーコ *Yoko Ono*

アーティスト（1933年-）
ビートルズ時代のジョン・レノンと結
婚し、歌にも登場する。ジョンとの共
作や「Love & Peace」を訴える活動
も展開し、欧米で一番有名な日本人と
も言われた。2009年ヴェネツィア・
ビエンナーレで、生涯業績部門の金獅
子賞を受賞。

愛する気持ちはタイミングを逃さず、ストレートに表現を。

〝彼女に写真を撮られたら、セレブとして認められた証〟とされるアニー・リーボヴィッツという写真家がいます。彼女が撮った作品で、オノ・ヨーコさんが洋服を着てベッドに横たわり、ジョン・レノンが裸で体を丸め、愛おしむ母親に抱きつきキスをするかのような写真は、今でもよく見かける有名なもの。あの〝世界のジョン〟が子どものようにすら見え、ふたりの関係をよく表しています。その存在がビートルズ解散の理由とささやく声も聞かれましたが、逆に「そこまで愛されていたんだ」と実感できるエピソードでもあります。

のちにふたりは拠点をイギリスからアメリカに移し『イマジン』を発表するなど、彼女の存在がジョンの活動の原動力にもなっていきました。

「人を愛することは、自分が不安定な立場に身を置くことであり難しいことでもあるわ」

でも、愛に正直に生きた彼女だからこそ、ジョンも正直に愛情を示してくれたのでしょう。短い人生だもの、自分の気持ちを大切に。

No.88

「愛するって、
この世界で味わう
最高の感覚よ」

The truth is that love is the best feeling
to have in this world.

ローレン・バコール *Lauren Bacall*

女優（1924年-2014年）
『Harper's BAZZAR』誌でのモデル
から、映画『脱出』でスクリーンデ
ビュー。『三つ数えろ』『キー・ラー
ゴ』『オリエント急行殺人事件』『ミ
ザリー』などに出演。ハンフリー・ボ
ガートが病で亡くなるまで結婚生活は
続いた。2009年アカデミー賞名誉賞
受賞。

愛情は出し惜しみせず、
愛する喜びを味わおう!

名作映画『カサブランカ』は、名曲「As Time Goes By」や、名セリフ「君の瞳に乾杯」などで有名な作品。その主演俳優ハンフリー・ボガート（ボギー）の伴侶が女優ローレン・バコールでした。

イングリッド・バーグマン、キャサリン・ヘップバーン、オードリー・ヘップバーンなど大女優と共演するボギーを惹きつけたローレンの魅力はどこにあったのか。

ボギーと出会った映画『脱出』では、オーディションでの緊張や震えを隠すために、あごを胸に押し付けることで上目使いに。このスタイルは〝The Look〟と呼ばれ、後に彼女のトレードマークとなるほどインパクトのあるものでした。強さの中にうかがわせるか弱さは、つい手を差し伸べたくなる隙にもなります。あまりに完璧な人だと入りこむ余地がありませんものね。

そして年齢差は25歳ながら仲睦まじく、彼女はボギーが病気で亡くなるまで添い遂げたのです。ローレン・バコールは惜しみなく愛情表現をする女性でした。愛情をだし惜しみせず、愛することに喜びを見だせたら、結婚生活は円満にやっていけそうです。

Chapter
9

人生を
楽しむために

To enjoy your life

やる気がおこらないとき

No.89

「前に前にという気持ち」

"Keep going" is my constant feeling.

浅田真央 *Mao Asada*

プロ・フィギュアスケーター(1990年-)
2010年バンクーバーオリンピック銀
メダリスト、世界選手権優勝2回、グラ
ンプリファイナル優勝3回。女子シン
グル史上で初めて一つの競技会中に3
度の3回転アクセルを成功させた。プ
ロスケーターとなった今も根強い人気
を誇る。

まずは気持ちを揺り動かして
一歩ずつでも前へ出れば
いずれ人生も伸びやかに。

「サッカーW杯と真央ちゃんの試合は、みんながテレビの前に釘づけになり、店からは人が消えタクシーは仕事にならない」とまで言われた浅田真央さん。現役時代の人気は、街頭の景気すら左右すると言われたほどです。

　愛くるしい表情で人を惹きつけながら、たとえ優勝しても、自分が納得いかない限り、コメントでは必ず次への目標や改善点を言葉にしていました。

「前に前にという気持ちが欠けていた」は、試合でミスをしたときのインタビューで出た言葉。この気持ちがないと、スピードが出ないし、足にも力が入らないというのです。これが、自分を前進させる秘訣でした。

　表現力に磨きをかけて、試合で納得がいく演技ができるまで、つねにストイックに練習を積み重ねていました。

　やる気が出ないときは、真央さんのように「前へ前へ」と気持ちをふるい立たせて、ほんの少しでも前進。すると、だんだんスピードにも乗れて、伸びやかに人生を進めるようになりますよ！

No.90

「次の角を曲がったとき、どんな出来事に出会うのか楽しみよ」

I'm just looking forward to seeing
what's around the corner.

グウィネス・パルトロウ *Gwyneth Paltrow*

女優（1972年-）
映画『恋におちたシェイクスピア』で
アカデミー賞主演女優賞とゴールデン
グローブ賞主演女優賞を受賞。2003
年に結婚し2児の母。2011年よりブ
ランド COACH の70周年キャンペー
ンモデルに。

同じ人生なら、未来を不安に思うより
ワクワクした方がいい。

「地球が丸いのは、行く先を遠くまで見せないためだ」
とは、映画『愛と哀しみの果て』のセリフ。自伝的小説
の最高峰とされる『アフリカの日々』を映画化した作品
で、貴族と結婚してアフリカにわたった令嬢が、伴侶に
裏切られ、先が見えない不安を抱えながらもコーヒー農
園を切り盛りしていきます。そこで冒険家の男性と出会
い……見知らぬ土地での辛い境遇ながら、今までにない
出来事や人との出会いなど、何がおこるのかワクワクす
る状況ととらえることもできます。

「次の角を曲がったとき、どんな出来事に出会うのか楽
しみよ」

　グウィネスには、ブラッド・ピットとの婚約破談やベ
ン・アフレックとの破局など、さまざまな出会いや別れ
がありました。先にあるのはいいことばかりとは限らな
いけれど、いいことだっておこるんです。

　地球も人生の曲がり角も、先が見えないからワクワク
するもの。次に何がおこるか楽しまなくちゃ。不安に思
うなんて無粋ですよ。

No.91

「お勉強は大嫌い。
勉強なんてイヤなものよ。
でも学ぶことは好き。
学ぶって、素敵じゃない」

I don't love studying. I hate studying.
I like learning. Learning is beautiful.

ナタリー・ポートマン *Natalie Portman*

女優（1981年–）
イスラエル出身。『レオン』で映画デビュー。『スター・ウォーズ』の新3部作でヒロインを演じ人気を不動のものに。映画『ブラック・スワン』ではアカデミー賞主演女優賞をはじめ多数受賞。

どうしてだろう？　知りたい！
興味を突きつめることが
学びのはじまりですよ。

映画『ブラック・スワン』でアカデミー賞主演女優賞
を受賞した姿が記憶に残り、もとをたどれば映画『レオ
ン』でジャン・レノと共演した子役であり、さらに映画
『スター・ウォーズ』（新3部作）の若き女王でした。そ
の彼女は、「世界の最も美しい顔」で1位になるほどの
美貌に成長します。

　ところが、彼女はきれいなだけではありません。ハー
バード大学とイェール大学に現役合格し、ハーバード大
学へ進学するのです。

　ユダヤ系で祖父母はアウシュビッツ強制収容所で亡く
なっていることなどから、イスラエルへの思慕を強く抱
き中東問題の研究にも参加。つねに学びながら、社会の
理不尽に対する批判的な姿勢も貫きます。

　そして、恋多き女のレッテルもしっかり貼られているなど、
その学びは女としても人間としても幅を広げていくのです。

「勉強」ではなく、好きだから、そして興味があるから
学ぶ。自分のやりたいこと、知りたいことを見つけたら、
自然と学びたくなるものです。

No.92

「楽しめなければ、
打ちこむ意味はない」

If I don't enjoy it, there is no point throwing myself into it.

菅井円加 *Madoka Sugai*

バレエダンサー（1994年-）
3歳からバレエを習いはじめ、小学校高学年のときに全国大会で優勝を果たし、以後国内の大会で優勝を重ねてきた。2012年ローザンヌ国際バレエコンクールで1位入賞。ユニクロのCMに起用された。

自分が子どものころに
好きだったことって何?
もしかすると、そこにヒントが
あるかもしれませんよ。

スイスで開催される若手ダンサーの登竜門、ローザンヌ国際バレエコンクールで、当時高校生だった菅井円加さんが1位になるという快挙を成し遂げました。

海外のバレエ団で踊りたいという気持ちが強く、のちにハンブルク・バレエ団のソリストになりました。彼女はこんなふうに語ります。

「舞台にむけてリハーサルに打ちこめる毎日、というものがとにかく今は楽しみです」

たった一度の人生、彼女のように心の底から楽しい!と思えるものに、打ちこみたいと思いませんか?

では、それをどうやって探しましょう?

たとえば、いろいろな年代の人と話したり、ふだん読まない本を読んだり映画を見たり、自分が今いる世界から一歩飛び出してみたりすることで、本当の好きが見つかるかもしれません。あるいは、自分のやりたかったことを書き出して、自分自身を見つめなおしたり。

家でじっとしているだけでは、出会えないんです。

№.93

「今まで、
　　いろんなものが
　　見え過ぎました」

I have seen too many things, too deeply.

樹木希林 *Kirin Kiki*

女優（1943年 - 2018年）
フジカラーの CM 出演は30年以上に
わたり、映画『東京タワー』では日本
アカデミー賞最優秀主演女優賞、『悪
人』で最優秀助演女優賞受賞。内田裕
也の妻であり、俳優・本木雅弘が娘婿。
紫綬褒章を受章。

覚悟を決めた瞬間、
どんな困難も乗り越えられるように！

　いつもウィットに富んだコメントで、好奇心からくる質問をサラリとかわした樹木希林さん。

　これは、網膜剥離で左目を失明したときの言葉です。

　目が見えなくなったら、どんな人でも自分の人生を嘆いて悲観的になるし、女優ならば演技の幅を気にするのも、当然の状況でのこと。

　彼女は「今までいろんなものが見え過ぎました」という達観したコメントで、世間をあっといわせました。

　伴侶であるミュージシャンの内田裕也さんが、逮捕されたときも「本人に謝らせるので私は謝らない」ときっぱり。彼女が警察に面会に来たとき「『謝らないんですか』ってゆっくり言ったひとことが怖かった」と裕也さん。ハチャメチャな伴侶に振り回され、逆に見たくないものまで見てきた人生ならではのコメントなのでしょう。

　理想と現実のはざまで心の折り合いをつけられず、迷っている人もいることと思います。でも、樹木さんのように覚悟を決め、そして少しのユーモアがあれば、困難も乗り越えられる日がくるかもしれません。

No.94

「たくさんの「わくわく」を 感じながら生きていきたい」

I'd like to live my life one exhilarating thrill after another.

森 俊子 *Toshiko Mori*

建築家（1951年-）
女性建築家のパイオニア的存在。
Toshiko Mori Architect PLLC 建築事
務所主宰。95年ハーバード大学の教
授就任 GSD女性最初のテニュア。同
大学院建築学部長を経て09年シンク
タンク VisionArc 設立。

身の回りの小さなことと
何かを動かす大きな力を
楽しみながらつなげていこう。

建築家を目指したのは、高校生の夏。イタリアのフィレンツェの大学の講習を受けたときのこと。建築と、科学・哲学・文学に音楽、あらゆるジャンルが一体になって生まれる文明に貢献できる仕事がしたいと感じたのがきっかけでした。それを後押ししてくれたのが、先生の「あなたは建築家向いている」のひとこと。

大学では建築を専攻し、日本に戻ることも視野に入れて進路を先生に相談すると……性別に関係なくチャンスが得られる「ニューヨークに行ったほうがいい」と言われたそうです。

それからは、上に男性が立ちはだかる世界で、「ガラスの天井」を感じないほど着実に前進してきたといいます。

後進の指導で何よりも大切にしているのは、イマジネーションを豊かにすること。個性を生かし、わくわくするような体験ができるように心掛けているそうです。

「わくわくというのは、自分の身の回りの小さな関心ごとと、世界の大きな出来事がつながる瞬間のこと」

たくさんの「わくわく」を大切にしたいものです。

№ 95

「どの子が上達するかは
　見ていればわかるわ。
　一番たくさん転んで、
　でも自分をふるいたたせて、
　また挑戦する子よ」

I can tell which kids are going to do well.
It's the ones who fall the most,
and keep pulling themselves up and trying again.

ミシェル・クワン *Michelle Kwan*

フィギュアスケーター（1980年 -）
中国系アメリカ人。5度の世界選手権
優勝、9度の全米選手権優勝。長野オ
リンピックの銀メダリスト。豊かな表
現力に定評があり、今も彼女を目標と
するスケーターが多い。

転んだら起き上がる。その繰り返しで、人生はよくなっていくんです。

日本人も多く指導するニコライ・モロゾフコーチが「心で滑る演技、見る者の魂に響くような演技ができた女子で唯一の選手」と評するほど、その表現力には定評があり、美しい滑りをしたのがミシェル・クワン選手。バンクーバー冬季五輪金メダリストのキム・ヨナさんが目標のひとりに挙げた人でもあります。

そんな彼女が子どもたちの練習を見ていてのこと。「子どもたちのトレーニングを見ると、上達する子はわかるものよ」と言いました。それは「一番転んで、それでもあきらめず、また挑戦できる子」だというのです。

最初からジャンプが跳べるわけではなく、何度も何度も氷の上に叩きつけられると、怖さの方が先に立って、自分はもうダメなんじゃないかとくじけそうになります。でも、また起き上がる気持ちをもち続けることが上達の秘訣中の秘訣。

選手がきれいに跳んだ3回転の裏には、何度の転倒があったことか。今日転んでも、つまずいても、また起き上がる。その繰り返しが人生を好転させてくれるんです。

No.96

「テストの成績が、
　大人になって何になるかを
　決めはしないわ」

Test scores do not determine
what you will be when you grow up.

ジェニファー・クウォン *Jennifer Kwong*

科学者
アメリカ航空宇宙局
（National Aeronautics and Space
Administration, NASA）アストロロ
ジー・インスティチュート、シニア・
リサーチ・サイエンティスト。

好奇心、探究心、人間力を武器に、 やりたいことを実現させよう!

　テストは、基本的に紙の上に答えを書いたり、〇か×をつけたり。それだけのこと。 でも、人生ってもっと多様で立体的なものだと思いませんか?

　平面で書く答えよりも、人間同士がぶつかったり、つまずいたり、道に迷ったりともっと複雑。大きな障害もあれば、追い風だって吹いてくれます。

「これだけはだれにも負けない」と没頭できる何かを見つけられた人のほうが、自分の進みたい道がはっきりと見えて、追い風だって受けやすくなります。

「心血注いで働いて、学んだことがあなたを決めるの」

　NASA(アメリカ航空宇宙局)は簡単に入れる機関ではないもの、合格する人に大切なのは宇宙への並々ならぬ興味はもちろんのこと、その人の人間力なんだそうです。まわりと協調しながら、プロジェクトを前に進めていくチカラが必要なのです。テストの成績よりも人間性を磨き、あらゆることを学ぶ努力を大切に。

No.97

「欲しいものがあるなら、
　〝手に入れるためにすべきこと〟
　をしなくちゃね」

If you want something,
you should do whatever you have to do to get it.

マリオン・コティヤール *Marion Cotillard*

女優（1975年-）
フランスの女優。映画『エディット・
ピアフ〜愛の讃歌〜』でゴールデング
ローブ賞やアカデミー賞主演女優賞
を受賞。『NINE』『インセプション』
『ダークナイトライジング』など話題作
に多数出演。

〝叶えたい〞リストを書いてみよう。
必要なのはどんなこと?
明日はそれを実行しよう!

　フランス人女優マリオン・コティヤールが活躍するの
は主にハリウッド。相手役には、映画『パブリックエネ
ミーズ』でジョニー・デップ、『インセプション』はレ
オナルド・ディカプリオ……。さらにはフランス映画
『エディット・ピアフ〜愛の讃歌〜』ではアカデミー賞
ほか主演女優賞を総ナメでした。英語での演技が多い彼
女の問題は、フランス語のなまり。欲しい役を手に入れ
るには、なまりの矯正が第一課題ですが……結局はなま
りも含めて彼女の魅力としてしまいました。

　でも、なまりも克服しなければ、彼女が本当に欲しい
ものは、手に入りませんでした。長男の出産後、歴代興
行成績上位に入る『ダークナイト』シリーズの最新作に
出演。こうした大作への立て続けの出演も、あらゆるこ
とに熱心に取り組む彼女なりの姿勢があったから。

　欲しいものを手に入れるためには、自分ですべきこと
を見極めて行動に移すこと。これでまた一歩、目標に近
づけます。

No.98

「エイジレスで生きるためには、
たえず緊張と努力が
必要なのです」

To live as an ageless person,
you need to have constant energy and determined
effort.

笹本恒子 *Tsuneko Sasamoto*

報道写真家（1914年 – 2022年）
日本初の女性報道写真家となり、約
20年のブランクを経て71歳で開いた
写真展を機に活動を再開。吉川英治文
化賞、日本写真協会賞功労賞を受賞。
100歳を超えてもフォトジャーナリス
トとして活躍した。

あらゆることに果敢に挑み、たまには、年齢という制約を無視してみよう！

　日本の女性報道写真家第一号として活躍した笹本さんは、じつは年齢を隠して仕事をしてきました。

　若く見られたいから……というわけではありません。

　では、なぜか？

　日本では特に、女だから、高齢だから、で信用してもらえないことがあるから、年齢を言わないのは〝自分への約束事〟だったとか。逆に「若くて大丈夫？」と言われることだってあるわけですから、偏見でチャンスを逃すのでは、つまらない。そんなある日、旦那さんからこう言われたそうです。

「年齢を言わないというのは、じつはとても難しいことだ。いつ、どこから見られても、年齢を問われないような努力が必要なんだよ」と。年齢ではなく、仕事の中身で勝負できることが大事なんですね。

　エイジレスに生きるとは、10代であろうが100歳になろうが、年齢のせいで人にあれこれ言わせないこと。そのためには、あらゆることに果敢に挑んで軽々とこなす「努力と覚悟」、それから「緊張感」が必要なんです。

No.99

「幸せに生きる方法は
たったひとつ。
それはね、
毎日が自分の最後の日かのように
生きることよ」

I've learnt that I know only one way to live to be happy.
And that's to try to live each day as if it's your last.

アンジェリーナ・ジョリー *Angelina Jolie*

女優（1975年-）
『17歳のカルテ』でアカデミー賞助演
女優賞を受賞。記録的な興行収入となった。『Mr. & Mrs. スミス』でブラッド・ピットと共演しパートナーになるが、のちに離婚。養子3人と実子3人の母。UNHCR 親善大使。

今日が人生最後の日、
と思ったら、何をしますか?

アンジーは映画で共演したブラッド・ピットと不倫関係のまま事実婚状態になり、カンボジア、エチオピア、ベトナムから養子を引きとり、ブラッドとの間に実娘をもうけ、さらに男児と女児の双子も出産しました。慈善活動にも熱心に取り組み、世界各国の貧困地区、被災地、自然保護団体などへの寄付は10億円をくだらないとされています。そして、国連難民高等弁務官事務所（UNHCR）の親善大使もつとめます。

ところがゴシップも多く聞かれ、イメージづくりのための養子縁組や寄付ではないか……など、あらぬことを書かれることもあったアンジーは、こんなふうに語っています。

「いつも自分の思いどおりにはいかないわ。でも、一つひとつの決断や行動が自分の人生を変えるのよ」

そして、こんな結論に達するのです……「今日が人生最後だと思って、思いどおりに全力で生きる。それが、幸せに生きるたったひとつの方法だ」と。

限られた時間の中で何をするか考えてみると……ほら、自分がすべきこと、したいことが見えてきますよ。

No.100

「小さいうれしいことを ふくらませていこう」

Magnify a tiny happiness!

森光子 *Mitsuko Mori*

女優（1920年–2012年）
舞台をはじめ、ドラマ主演や紅白歌合戦の司会・審査員など幅広く活躍。舞台『放浪記』の単独主演2000回の公演で国民栄誉賞を授与された。勲三等瑞宝章・紫綬褒章・文化勲章・文化功労者など、数々の賞や栄典を受ける。

小さな「うれしい」を
思いきって表現して、
次の喜びを引き寄せ、
またグングン大きくしよう!

1961年から舞台で演じてきた『放浪記』で作家・林芙美子を演じた森光子さんは、小説の出版が決まって喜ぶ気持ちを「でんぐり返し」で表現。舞台で披露し続け、88歳までそのシーンを演じていました。

その「うれしい」を表現する場面は見る人もうれしくさせたのでしょう。評判が評判を呼び、公演は2009年まで実に2017回も続けることになるのです。

「小さい うれしいことを ふくらませていこう」は、毎日芸術賞を受賞したときのインタビューでの言葉でした。舞台で表現し続けたうれしい気持ちは、こんなに長く大きくふくらみました。常々ご本人も「うれしかったらうれしいといいなさい。ちょっとしたことでも伝えること」と言っていたそうです。

年を重ねても、正直に気持ちを伝えて次のうれしいを呼び寄せる、かわいらしさも持つ大女優さん。そのふくらませ方を見習ってみれば、人生は喜びに満たされそうです。

出典・参考資料

◇ 『「人を動かす」英語の名言』（大内博 ジャネット・ノーダイク大内 講談社インターナショナル）

◇ Web『Dolly Parton』Dolly Parton's official website

◇ Web『goodreads』Mae West quotes

◇ Web『BEYONCÉ』The official Beyoncé Site

◇ 『狐野扶実子のおいしいパリ』（狐野扶実子 文化出版局）

◇ 『LA CUISINE DE FUMIKO フミコの120皿』（狐野扶実子 世界文化社）

◇ 『The Girls' Book of Wisdom』（Edited by Catherine Dee Little, Brown Books for young Readers）

◇ 『Good Luck』（アレックス・ロビラ フェルナンド・トリアス・デ・ベス 田内志文訳 ポプラ社）

◇ Web『BrainyQuote』Mother Teresa quotes

◇ 『記憶と情動の脳科学』（ジェームズ・L.マッガウ 大石高生訳・久保田競訳 講談社）

◇ テレビ番組『凪のお暇』（TBSテレビ 第6話）

◇ Web『GLAM』キーラ・ナイトレイ・インタビュー

◇ Web『VOGUE JAPAN』冨永愛が考える、"自己肯定感"の上げ方

◇ 『人生が変わる英語の名言』（晴山陽一 青春文庫）

◇ 『私デザイン』（石岡瑛子 講談社）

◇ Web『MAYA ANGELOU—GLOBAL RENAISSANCE WOMAN』The Official Site

◇ 『世界のトップリーダー英語名言集BUSINESS』（ディビッド・セイン 佐藤淳子 ジェイ・リサーチ出版）

◇ Web『美的.com』綾瀬はるか『美的』6月号スペシャルインタビュー https://www.biteki.com/life-style/others/814208

◇ 『読む・聴く・使える 英語名言100』（ロバートレッド・ベア監修 全日出版）

◇ 『スティーブ・ジョブズに学ぶ英語プレゼン』（上野陽子 日経BP社）

◇ 『人生を豊かにする英語の名言』（森山進 研究社）

◇ Web『Atget Photography.com』

◇『INTO THE GLOSS』50 shades (Quotes) of Diana Vreeland 2012
年9月

◇ Web『dianavreeland.com』Quotations#explore

◇ Web『asahi.com』朝日求人ウェブ 草間彌生インタビュー

◇ Web『Thinkexist.com』Beverly Sills quotes

◇ Web『Celebrating MARY KAY ASH』Wisdom Values

◇『小さく賭けろ!』(ピーター・シムズ 滑川海彦訳 高橋信夫訳 日経BP社)

◇ Web『若手社員(新入社員)の心理術・処世術・心理学辞典』

◇『必修1000 心理学基本用語集』(必修心理学用語編集グループ 啓明出版)

◇ テレビ番組『アナザースカイ』(日本テレビ 2011年12月2日放送)

◇ Web『Hiromi』上原ひろみオフィシャルサイト

◇『Encyclopedia Madonnica: The Woman & The Icon From A To Z』
(Matthew Rettenmund Macmillan)

◇ Web『BrainyQuote』Anne Baxter quotes

◇ Web『BrainyQuote』Kathryn Bigelow quotes

◇ 映画『ハート・ロッカー』(キャスリン・ビグロー監督 ブロードメディア・スタジ
オ配給)

◇ Web『Guardian.co.uk』「Oscars 2010 Is Kathryn Bigelow's victory a
win for women?」2010年3月10日

◇『日本経済新聞』2002年1月1日 朝刊13ページ 緒方貞子インタビュー

◇ テレビ番組『NHK 100年インタビュー』(NHK 2010年1月放送) 緒方貞子

◇『週刊アスキー』上野陽子連載「シネマ英語通信」vol.191

◇『ココ・シャネル 女を磨く言葉』(高野てるみ PHP研究所)

◇ 映画『ココ・シャネル』(クリスチャン・デュゲイ監督 ピックス配給)

◇ Web『Quote Oasis.com』Simone de Beauvoir quotes

◇ Web『Brainy Quote』/Web『KOTOVASKY』/Web『名言ナビ』

◇『NHK NEWS WEB』2012年11月1日 吉永小百合インタビュー

◇『中日新聞』2012年11月5日 朝刊9ページ 吉永小百合関連記事

◇『週刊朝日』2012年5月18日号 吉永小百合インタビュー

◇ Web 映像『Musicians@Google Presents』Google Goes Gaga

◇ Web『BrainyQuote』Mary Kay Ash quotes

◇『いかにして自分の夢を実現するか』(ロバート・H・シュラー　稲盛和夫訳　三笠書房)

◇ 映画『プラダを着た悪魔』(デビッド・フランケル監督　20世紀FOX配給)

◇『週刊アスキー』上野陽子連載「シネマ英語通信」Vol.58『プラダを着た悪魔』

◇『裸でも生きる―25歳女性起業家の号泣戦記』(山口絵理子　講談社)

◇ Web『Thinkexist.com』Jessica Alba quotes

◇『天才!成功する人々の法則』(マルコム・グラッドウェル　勝間和代訳　講談社)

◇ Web『Lifehack.org』2008年11月 the law of 10,000 hours
(『Guardian』掲載 (Outliers: The Story of Success」からの抜粋記事について)

◇ Web『CinemaCafe.net』Babel 菊池凛子インタビュー

◇ 映画『バベル』(アレハンドロ・ゴンサレス・イニャリトゥ監督　ギャガコミュニケーションズ配給)

◇『Breaking Night』(Liz Murray Arrow)

◇ テレビ番組『トリハダ㊙スクープ映像100科ジテン』(テレビ朝日　2012年1月10日　ホームレス少女がハーバード大学へ　奇跡の人生逆転劇)

◇ Web『Thinkexist.com』Beverly Sills quotes

◇ Web『Teen Vogue』
https://www.teenvogue.com/story/naomi-osaka-us-open-champion-mental-health-serena-williams

◇『世界の女性名言事典』(PHP研究所編集　PHP研究所)ジェーン・グドール

◇『ひるまない』(安藤優子　講談社)

◇『東大で上野千鶴子にケンカを学ぶ』(遙洋子　ちくま文庫)

◇「東京カレンダー」2009年10月号　松嶋菜々子インタビュー

◇『心を揺さぶる!英語の名言』(松本祐香　PHP研究所)

◇ Web『CinemaCafe.net』2011年11月　天海祐希インタビュー

◇『an・an』(マガジンハウス)2008年5月21日号　天海祐希インタビュー

◇ Web『LADY GAGA｜THE BORN THIS WAY BALL』

Lady Gaga official site

◇『この世でいちばん大事な「カネ」の話』（西原理恵子　角川文庫）

◇『InRed』（宝島社）2012年10月号　篠原涼子インタビュー

◇ Web『goodreads』Anne Frank quotes

◇ Web『日経クロス woman SPECIAL』「働く私の特別な時間」2021年
　　 https://special.nikkeibp.co.jp/atclh/NXW/21/seiko_SP1/kawase/

◇ Web『BrainyQuote』Mae West quotes

◇ Web『Mae West』Mae West official site

◇『世界の女性名言事典』（PHP研究所編集　PHP研究所）

◇『ノーザンライツ』（星野道夫　新潮文庫）

◇ Web『goodreads』Helen Keller quotes

◇ Web『Helen Keller Kids Museum Online』

◇『英語で読む世界の名言』（デイビッド・セイン　アスコム）

◇『アルケミスト』（パウロ・コエーリョ　山川紘矢訳　山川亜希子訳　角川文庫）

◇ 映画『ショコラ』（ラッセ・ハルストレム監督　アスミック・エース・松竹配給）

◇『週刊アスキー』上野陽子連載「シネマ英通信」vol.7

◇ Web『CREA』ピアニスト・小林愛実インタビュー
　　 https://crea.bunshun.jp/articles/-/33884?page=2

◇『週刊アスキー』上野陽子連載「シネマ英通信」vol.156

◇『大人の女の名セリフ』（Grazia 編集部　講談社）　大楠道代インタビュー

◇ 映画『風と共に去りぬ』（ヴィクター・フレミング監督　メトロ・ゴールドウィン・メ
　　 イヤー配給）

◇『音読したい英語名言300選』（英語名言研究会　田中安行監修　KADOKAWA）

◇ 映画『ティファニーで朝食を』（ブレイク・エドワーズ監督　パラマウント映画配給）

◇『週刊アスキー』上野陽子連載「シネマ英通信」vol.107

◇ Web『The New York Times』Arichives, Helen Hayes,Flower of the
　　 Stage Dies at 92, March 18,1993

◇ Web『BrainyQuote』Edith Head quotes

◇ Web『goodreads』Emma Watson quotes

◇ Web『Emma-Watson.net』

◇ Web『goodreads』Coco Chanel quotes

◇ Web『The New York Times』 ─The Rivals 2004年2月15日 books the-rivals（Retrieved 2008─08─08.）

◇『英文対訳 世界を動かした名言』（J.Bシンプソン 野末陳平訳 隈部まち子訳 講談社）

◇『永遠のマレーネ・ディートリッヒ』（和久本みさ子 河出書房新社）

◇ Web『The Guardian』Vivienne Westwood on capitalism and clothing , Video
https://www.theguardian.com/membership/video/2014/oct/29/vivienne-westwood-capitalism-clothing-video

◇ Web『Thinkexist. com』Audrey Hepburn quotes

◇『英語の名句・名言』（ピーター ミルワード 別宮貞徳 講談社）

◇ Web『Sophia Loren』Sophia Loren Official Facebook

◇『ハッピープチマクロ』（西邨マユミ 講談社＋α文庫）

◇『ニッポン・ビューティー 本物の女たちの美しい生き方』（Grazia編集部 講談社）瀬戸内寂聴インタビュー

◇『わが愛の讃歌─エディット・ピアフ自伝』（エディット・ピアフ 中井多津夫訳 晶文社）

◇『英語名言集』（加島祥造 岩波ジュニア新書）

◇『Estee Lauder JP（エスティ ローダー）Facebook』

◇『ビジネスに効く 英語の名言名句集』（森山進 研究社）

◇ Web『Thinkexist. com』Jennifer Aniston quotes

◇『愛する言葉』（岡本太郎・敏子 イースト・プレス）

◇『センセイの鞄』（川上弘美 文春文庫）

◇『恋愛作法 愛についての448の断章』（宇野千代 集英社文庫）P66

◇『毎日新聞』2012年11月25日 朝刊22ページ 浅田真央インタビュー

◇ Web『BrainyQuote』Natalie Portman quotes

◇ Web『NataliePortman.com』Natalie Portman official Facebook

◇ チャコットWebマガジン『Dance Cube』菅井円加インタビュー

◇『日刊スポーツ』2004年1月24日 樹木希林関連記事

◇ Web『アサ芸 +』テリー伊藤　対談　内田裕也（2）
◇ Web『Forbes JAPAN』「夢中になっていたら性別なんて意識しない」女性
　　建築家のパイオニアが世界で活躍するまで
◇『読売新聞』2009年11月26日2010年1月20日（ニコライ・モロゾフ関連記事）
◇ Web『BrainyQuote』Marion Cotillard quotes
◇『97才の幸福論。ひとりで楽しく暮らす、5つの秘訣』（笹本恒子　講談社）
◇ Web『Life Or Something Like It - Angelina Jolie Interview』
◇『毎日新聞』1991年1月12日夕刊　森光子インタビュー

* 上記に加えて、多数の書籍・記事・サイトなどを参考にさせていただきました。外国の方の日本語インタビュー 記事を参考にさせていただいたときには、私訳の英語を付けさせていただきました。URL は2022年8月31日現在の情報です。

数多くの名言を残してくださった方々、それら言葉を報道し世に送り出してくださった各媒体のみなさまに感謝し、敬意を表します。

上野陽子（うえの・ようこ）

著述家・翻訳家／コミュニケーション・アナリスト。カナダ・オーストラリア留学後、ボストン大学コミュニケーション学部専攻博士前期課程修了。東北大学人間社会情報科学専攻博士前期課程修了。通信社、出版社、海外通販会社の執行役員を経て、コラム連載や媒体プロデュース、スヌーピーでおなじみ『Peanuts』の連載翻訳ほか、幅広く手掛ける。趣味と仕事で世界をまわり、訪ねた国は50カ国を超える。著書に、『1日1語、今日のあなたを元気にすることばのサプリ』（三笠書房）、『スティーブ・ジョブズに学ぶ英語プレゼン』（日経BP社）、『1週間で英語がどんどん話せるようになる26のルール』（アスコム）ほか多数。

ツイッター：https://twitter.com/little_ricola
ブログ『恋する英語』：
https://koisrueigo.com

知的生きかた文庫

コトバのギフト　輝く女性の100名言

著　者　　上野陽子

発行者　　押鐘太陽

発行所　　株式会社三笠書房
〒一〇二—〇〇七二　東京都千代田区飯田橋三三一
電話〇三—五二二六—五七三四〈編集部〉
　　　〇三—五二二六—五七三一〈営業部〉

https://www.mikasashobo.co.jp

印刷　　誠宏印刷
製本　　若林製本工場

© Yoko Ueno, Printed in Japan
ISBN978-4-8379-8795-6 C0130

知的生きかた文庫

仕事も人間関係も
うまくいく放っておく力

枡野俊明

いちいち気にしない。反応しない。関わらない——。わずらわしいことを最小限に抑えて、人生をより楽しく、快適に、健やかに生きるための、99のヒント。

心配事の9割は起こらない

枡野俊明

余計な悩みを抱えないように、他人の価値観に振り回されないように、無駄なものをそぎ落として、限りなくシンプルに生きる——禅が教えてくれる、48のこと。

人生うまくいく人の
感情リセット術

樺沢紫苑

この1冊で、世の中の「悩みの9割」が解決できる！大人気の精神科医が教える、心がみるみる前向きになり、一瞬で「気持ち」を変えられる法。

やっかいな人から
賢く自分を守る技術

石原加受子

嫌な人間関係からもたらされる、迷惑やイライラ。「平気で他人を傷つける人」から身を守り、争わずに勝つには？接し方一つで、相手の態度はこんなに変わる！

気にしない練習

名取芳彦

「気にしない人」になるには、ちょっとした練習が必要。仏教的な視点から、うつうつ、イライラ、クヨクヨを“放念する”心のトレーニング法を紹介します。